Kinder fordern uns heraus
Ratgeber für die Familie bei Klett-Cotta

Inhaltsverzeichnis

Vorwort 7

Beruf & Erziehung 13

Charmante Argumente 15

‚Professor Higgins' zeigt Gefühle 20

Strafarbeit 27

Ein Vogeltraum 34

Wenn Gefühle Tango tanzen 42

Neuer Lebensmut 49

Zeter und Mordio 54

Kooperation & Kompromisse 59

Fünf Minuten Traubenzucker 61

Ein Schnuller auf Reisen 65

Das kann ich nicht 72

Wie werden müde Lebensgeister geweckt? . . . 76

Kiss me, please 83

Pikachu – der Retter in der Not 89

Reportagen 95

Schmerz an der Grenze des Erträglichen 97

Wut im Bauch 101

Sprechstunde 105

Stille Tränen 109

Ein schlechtes Gewissen 114

Versprochen ist (nicht) versprochen 116

Doppelrolle Vater & Mutter 119

Wer war doch gleich Pythagoras? 121

Bananensuppe und Zwiebeleis 126

Die Pflicht ruft 136

Trautes Heim – Umzug allein 142

Unter die Decke oder in die Ecke? 150

Allein erziehen und stark sein 157

Grünes Licht 159

Geig, du alter Esel 165

Jeder darf mal daneben schießen 169

Rezept mit Respekt 175

Ist Minuend ein Plusquamperfekt? 179

Zweimal zehn Bitten 187

Zehn Bitten – Von Kindern an ihre Eltern 188

Zehn Bitten – Von Eltern an ihre Kinder 189

Zur Autorin 190

Vorwort

Alleinerziehende sehen sich mit einem ganzen Reigen von Herausforderungen konfrontiert. Meist hatten wir ursprünglich gar nicht beabsichtigt, ja uns vielleicht nicht einmal träumen lassen, daß wir einmal in die Lage geraten würden, die Aufgaben der Erziehung allein übernehmen zu müssen.

Aber ganz gleich, wie und warum wir uns von unserem Partner getrennt haben, ob wir selbst verlassen wurden oder die Trennung bewußt herbeigeführt haben – nun ist diese Situation eingetreten, aus der es kein Zurück mehr gibt. So tun wir gut daran, der wehmütigen Erinnerung oder dem Jammer, die uns gelegentlich beschleichen, nicht zuviel Platz und Zeit in unserem ‚neuen Leben' einzuräumen und uns den ungewohnten Anforderungen mit ganzer Kraft zu stellen. Das sind wir nicht nur unserer Selbstachtung schuldig, sondern vor allem unseren Kindern. Sie haben ein Recht auf unsere volle Aufmerksamkeit und ungeteilte Zuneigung.

Eine solche Einstellung, ohne Wenn und Aber Verantwortung zu übernehmen, löst selbstverständlich noch nicht alle Probleme. Sie ist jedoch die unerläßliche Bedingung dafür, daß wir die schwierigen Situationen, denen wir als Alleinerziehende gegenübergestellt sind, meistern können. Und davon gibt es wahrlich nicht wenige.

Das sind zum einen die typischen Herausforderungen, die sich aus unserer Rolle als Alleinerziehende ergeben. Die meisten von uns müssen sehen, wie sie Beruf und Erziehung so gut es geht unter einen Hut bringen – eine Aufgabe, die uns häufig an die Grenzen unserer physischen und psychischen Belastbarkeit treibt. Dann gibt es die Vereinbarungen zum Sorgerecht und die daraus resultierenden Besuche des Kindes beim Ex-Partner, die nicht selten zu einem – realen oder eingebildeten – Konkurrenzverhältnis zwischen den Eltern führen. Geht einer von den beiden eine neue Beziehung ein, muß das nach der Trennung manchmal mühsam geordnete Leben erneut eingerichtet werden. Und schließlich gilt es für alle Alleinerziehenden, sich in der Doppelrolle von Mutter und Vater zurechtzufinden und zu klären, inwieweit man ihr gerecht werden will oder kann.

Zu diesen besonderen Herausforderungen kommen ganz gewiß noch jene schwierigen Aufgaben hinzu, die man mit allen anderen Müttern oder Vätern, ob alleinerziehend oder nicht, teilt. Das reicht von den Problemen im Kindergarten, in der Schule oder bei den Hausaufgaben bis hin zu den kleineren oder größeren Rebellionen der Kinder, weil sie sich nicht ausreichend geliebt, verstanden oder ihre Interessen berücksichtigt fühlen. Immer wieder sind wir Situationen ausgesetzt, die so nicht vorauszusehen waren, in denen wir gleichwohl Entscheidungen treffen und verantwortlich handeln müssen, ohne auf eigene Erfahrungen zurückgreifen zu können. Mit solchen Herausforderungen sind alle Eltern konfrontiert, aber die Alleinerziehenden treffen sie härter, denn sie können sich mit keinem Partner beraten, können die Sorge um die Kinder weder teilen noch delegieren. Sie müssen die ganze Verantwortung auf ihren eigenen Schultern tragen.

Wir sind zwar allein erziehend, aber bei der Bewältigung schwieriger Situationen in der Erziehung sind wir nicht allein. Neben Freunden oder anderen wohlwollenden Menschen haben wir – vor allen anderen unsere Kinder. Denn die Schwierigkeiten, die es zu meistern gilt, sind ja nicht ausschließlich unsere oder die unserer Kinder, sondern sind solche, die wir *mit* ihnen haben oder sie *mit* uns. Deshalb können wir die auftretenden Probleme nur gemeinsam mit unseren Kindern lösen. Dieses Miteinander, ob in der Form der Kooperation oder des Kompromisses, ist die Basis dafür, mit den schwierigen Situationen, die sich unvermeidlich einstellen, angemessen umgehen zu können.

Dies setzt aber auch voraus, daß wir unsere Kinder als eigenständige Individuen anerkennen, als Personen, die – ganz gleich, wie jung sie sind – ein Recht auf eigene Wünsche, Bedürfnisse und Interessen haben, die wir nicht ignorieren dürfen. Das entläßt uns als Erwachsene nicht aus unserer Verantwortung; aber es hilft uns einzusehen, daß Erziehung weder Selbstzweck ist noch die Verwirklichung irgendwelcher Prinzipien, auch wenn wir diese noch so wohlmeinend formuliert haben. Erziehung ist Fürsorge, Sorge für unsere Kinder, die wir nur mit ihnen, nicht ohne sie oder gar gegen sie realisieren können.

Die Gefühle und Bedürfnisse unserer Kinder ernst zu nehmen, bedeutet nicht, daß wir uns in allen Belangen nach ihnen richten müssen. Auch wir haben Interessen, Stärken und Schwächen und sind nicht jeden Tag gleich gut gelaunt. Als Väter oder Mütter sind wir ganz normale Menschen, die in ihrer Eigenheit akzeptiert werden wollen. Wir müssen unseren Kindern zu verstehen geben, daß wir uns in der Erziehung größte Mühe geben und für sie sorgen; aber wir müssen ihnen zugleich begreiflich machen, daß wir den Respekt, den wir ihnen entgegenbringen, auch von ihnen erwarten.

Dieses Buch habe ich in der Überzeugung geschrieben, daß sich viele schwierige Situationen recht einfach lösen lassen, wenn wir sie miteinander angehen. Manchmal – leider nicht immer – reicht schon ein wohlwollendes Wort oder eine kleine Geste aus, mit der wir unseren Kindern Zuneigung und Verständnis signalisieren, um die bestehenden Konflikte zu entschärfen. Manchmal bedarf es aber erheblich mehr, und nicht immer wissen wir sofort, was zu tun ist und was wir tun können, um aus dieser Situation einen Ausweg zu finden. Da Erziehung keine Prinzipienfrage ist, gibt es auch keine Patentrezepte, zu denen man Zuflucht nehmen könnte.

So habe ich bewußt darauf verzichtet, irgendwelche Regeln für Alleinerziehende aufzustellen. Statt dessen schien es mir sinnvoller, in kurzen Erzählungen zu schildern, wie Alleinerziehende mit schwierigen Situationen umgehen, wie es ihnen gelingt – oder auch nicht –, solche Situationen zu meistern. In knappen Interpretationen werden die jeweiligen Lösungsstrategien analysiert. Die Geschichten und ihre Interpretationen erheben weder den Anspruch, alle Probleme, die Alleinerziehenden begegnen, erfaßt zu haben, noch behaupten sie, nur die dargestellte Handlungsweise führe zum Erfolg. Es sind Beispiele, die durch ihren Beispielcharakter vielleicht dazu beitragen, der einen oder dem anderen Alleinerziehenden in einer schwierigen Situation zu helfen, kühlen Kopf und klaren Verstand zu bewahren, auch wenn man wieder einmal aus der Haut fahren möchte.

Auch wenn es keine Regeln gibt, denen man blindlings folgen könnte, so gibt es doch eine Grundeinstellung, an der man sich in schwierigen Situationen aufrichten kann: der Respekt gegenüber unseren Kindern und die Zuversicht, daß wir gemeinsam mit ihnen auch die größten Probleme bewältigen können. Von dieser Zuversicht ist dieses Buch getragen.

Danken möchte ich meinen beiden wunderbaren Kindern, die enorme Geduld mit mir hatten, mich stets inspiriert haben und mir unermüdlich zur Seite standen.

Meinen Dank richte ich auch an einen lieben Menschen, der mich unterstützt, meine Launen gelassen ertragen und nie aufgegeben hat, an mich zu glauben.

Last but not least bin ich einem großen Genie sehr verbunden für das, was er für mich getan hat. Assim é a vida – obrigada.

Elisabeth Cope

BERUF & ERZIEHUNG

BERUF
& ERZIEHUNG

Charmante Argumente

Damit das Mögliche entsteht,
muß immer wieder
das Unmögliche versucht werden.

(Hermann Hesse)

Der 10jährige Oliver sitzt mit glasigem Blick am Frühstückstisch. Verlegen rührt er mit dem Löffel im Müsli, ohne einen Bissen zu sich zu nehmen. Oliver ist traurig. Es ist mal wieder Sonntag, und das heißt für Oliver, daß er seinen Vater besuchen wird.

Olivers Eltern sind geschieden. Aber das ist nicht der Grund für seine schlechte Laune, denn schon längst hat er sich damit abgefunden, daß sein Vater nach der Trennung in das benachbarte Dorf gezogen ist und nicht mehr mit ihm und seiner Mutter unter einem Dach lebt. Obwohl die Sonntage nicht mehr nach seinen Wünschen gestaltet werden, seitdem sein Vater wieder geheiratet hat, akzeptiert er dessen Frau Judith und findet sie ganz in Ordnung. Auch das ist also nicht der eigentliche Anlaß für seine Traurigkeit. Das Problem ist Nico, der Oliver, wie er offen zugibt, gewaltig nervt. Nico ist 15 Jahre alt und Judiths Sohn, den sie aus erster Ehe in die Familie mitgebracht hat. Nico ist langweilig und liebt nur seinen Computer, auf dem er in jeder freien Minute herumhackt. Natürlich läßt er Oliver nicht an seinen Computer und zeigt darüber hinaus keinerlei Interesse, mit ihm etwas Aktives oder Lustiges auf die Beine zu stellen. Das bedauert Oliver, denn mit ihm hätte er einen Kumpel haben können und wäre somit nicht jeden Sonntag nur auf die Erwachsenen angewiesen.

Draußen fällt Schneeregen auf die Straßen. Aus der Vergangenheit weiß Oliver, daß bei einem solchen Sauwetter, wie der Vater es nennt, nichts im Freien unternommen wird. Die Vorstellung, einen ganzen Sonntag mit zwei Erwachsenen und einem Computerfreak im Haus zu verbringen, macht ihn traurig und übellaunig. Tränen kullern ihm über das Gesicht.

„Ich mag heute lieber bei dir bleiben, Mama", meint Oliver verzweifelt.

Dieser Satz ist Olivers Mutter nicht fremd. Sie kennt seine widerstrebenden Gefühle, die ihn an manchen Sonntagen bewegen. Weil unter der Woche jedoch ihre Interessen ganz hinten auf der Liste stehen und sie nach der Arbeit ihre gesamte Energie für Oliver aufbietet, bleibt ihr wenig Zeit, sich um ihre eigenen Belange zu kümmern. Bedingt durch die Doppelbelastung sind ihr die Sonntage ohne Oliver heilig, um wieder neue Kräfte zu sammeln. Die Erfahrung hat gezeigt, daß Oliver mit seinem theatralischen Auftritt nur ihre Ausdauer testen möchte. Testen, ob sie weich werden und ihn letztendlich bei sich behalten würde. An anderen Sonntagen, an denen sie den Test bestanden hat, kam Oliver abends quietschvergnügt nach Hause. Und an diesem Sonntag hat die Mutter nicht das geringste Verlangen, zum x-ten Mal auf die Probe gestellt zu werden.

„Du kannst doch dein *Memory* und *El Grande* mitnehmen", schlägt Olivers Mutter vor, um ihren Sohn von seinen trübsinnigen Gedanken abzulenken.

„Die spielen doch eh nicht mit mir", kontert Oliver.

Die Mutter macht Oliver einen Vorschlag zur Güte. Sie bittet ihn, die Spiele mitzunehmen und seinen Wunsch klar zu äußern. Bestimmt würde niemand ihm diesen abschlagen.

„Und wenn doch?" fragt Oliver.

„Du bist heute sehr pessimistisch", antwortet die Mutter. „Gib dir und den anderen wenigstens eine Chance. Du solltest wirklich nicht im voraus etwas behaupten, was eventuell gar nicht zutrifft."

Oliver schaut seine Mutter mit großen Augen an. Zwischenzeitlich hat er es aufgegeben, sein Müsli in der Milch hin- und herzuschubsen, und es mit kräftigem Appetit aufgegessen.

„Ach, noch was, Mama", sagt Oliver. „Judith kocht nicht so gut wie du. Ihr Essen schmeckt gräßlich."

Die Mutter gibt Oliver einen zärtlichen Kuß, bevor sie das Frühstücksgeschirr vom Tisch räumt. Innerlich lächelt sie und denkt, was für ein Pfiffikus ihr Sohn doch ist. Sie kann sich auch schon denken, was Olivers nächstes Argument sein wird, um seinen Test bis zum Ende durchzuführen. Sicher würde er ihr gleich sagen, daß er bei seinem Vater ‚arbeiten' muß. Das bindet er ihr immer wieder gerne auf die Nase.

„Hab' ich dir eigentlich schon mal gesagt, daß ich beim Papa arbeiten muß?" fragt Oliver. „Abtrocknen und so."

Die Mutter nimmt Oliver in den Arm und drückt ihn sacht an sich. „Du bist ein prima Junge und mein allerliebster Schatz. Von Zeit zu Zeit bist du zwar un-aussteh-lich, aber ich liebe dich über alles. Nun aber ab ins Bad zum Zähneputzen."

Es klingelt. Oliver schnappt seinen Mantel, gibt seiner Mutter einen dicken Abschiedskuß und wandert mit den zwei Spielen unter dem Arm aus der Wohnung. Bevor er die Haustür zuknallt, dreht er sich noch einmal um und wirft seiner Mutter eine Kußhand zu.

Warum will Oliver überzeugt werden, zu seinem Vater zu gehen?

Nach der Scheidung einigen sich Olivers Eltern außergerichtlich und vereinbaren ein ‚lockeres' Besuchsrecht. Das bedeutet, daß Oliver jeden Sonntag mit seinem Vater verbringen darf. Diesen gemeinsamen Tag gestalten die zwei ganz nach Olivers Wünschen, bis der Vater nach zwei Jahren wieder heiratet. Von nun an erfährt Oliver nicht mehr die uneingeschränkte Aufmerksamkeit des Vaters. Mehr noch als über diese Tatsache ist Oliver darüber enttäuscht, daß der 15jährige Nico, der Sohn Judiths, nicht bereit ist, mit ihm zu spielen oder etwas zu unternehmen.

Obwohl sich Oliver in Wirklichkeit bei seinem Vater immer noch wohl fühlt, wird es fast zu einem sonntäglichen Ritual, daß Oliver sich bei seiner Mutter über die veränderte Situation beklagt und sich erst nach aufmunternden Argumenten von der Mutter überreden läßt, den Vater zu besuchen.

Mit diesem Lamentieren verfolgt Oliver ein doppeltes Ziel: Zum einen möchte er, daß die Schwierigkeiten, die durch die neue Situation für ihn entstanden sind, wahrgenommen und vor allem ernst genommen werden. Deshalb geht es ihm nicht primär um Mitleid, sondern er will von der Mutter durch Argumente überzeugt werden. Zum anderen gibt er seiner Mutter durch verschiedene Gesten und Worte zu verstehen, daß er sie liebt und sie nicht traurig sein solle, wenn er sie zeitweilig allein läßt. Obwohl die Mutter von dem wiederkehrenden Theater, das ihr Sohn Sonntag morgens aufführt, ein wenig genervt ist, läßt sie sich auf das Ritual ein. Denn sie durchschaut Olivers Doppelstrategie, erkennt seine Enttäuschungen an und ist von seinen Liebesbezeugungen gerührt.

‚Professor Higgins' zeigt Gefühle

> *Man weiß nie, was daraus wird,*
> *wenn die Dinge verändert werden.*
> *Aber weiß man denn, was daraus wird,*
> *wenn sie nicht verändert werden?*
> *(Elias Canetti)*

Victors Vater legt den Telefonhörer auf die Gabel und schaut auf die Uhr. Wie in den vergangenen Wochen hat er auch an diesem Tag wieder Überstunden gemacht und würde später als vereinbart seinen Sohn abholen. Hastig räumt er seinen Schreibtisch auf, packt seine Sachen zusammen und verläßt das Büro. Während der Autofahrt versucht er, seine Hektik abzuschütteln, bevor er Victor gegenübertritt. Sehr zu seinem Leidwesen mag es ihm jedoch nicht recht gelingen. Seine Position als Marketingleiter einer Fluggesellschaft verlangt enormen Einsatz, schließlich trägt er die volle Verantwortung für den reibungslosen Ablauf der Abteilung. Da viel an seinen Entscheidungen hängt, ist es nur natürlich, daß er sich in seiner beruflichen und familiären Doppelrolle manchmal überfordert fühlt.

Die Scheidung der Eltern liegt nunmehr drei Jahre zurück, und Victor lebt seitdem bei seinem Vater. Von heute auf morgen, ohne jegliche Vorwarnung, brach die Mutter alle Brücken hinter sich ab. In ihrem Abschiedsbrief, den sie an Vater und Sohn gerichtet hatte, erläuterte die Mutter ihre Beweggründe und bat um Verständnis, das Victor und sein Vater nicht aufbringen konnten. Für sie war weder der von der Mutter beschriebene Freiheitsdrang noch das Verlangen, sich von den bindenden Familienverpflichtungen zu lösen, nachvollziehbar. Lange begriffen die zwei den unerklärlichen Sinneswandel nicht und wollten nicht wahrhaben, daß ihre geliebte Bezugsperson das Bedürfnis hatte, ohne sie ein neues Leben zu beginnen.

Schweren Herzens fanden sich Victor und sein Vater in der veränderten Familiensituation zurecht, die mittlerweile eine vertraute Routine geworden ist. Jeden Morgen wird der 6jährige Victor von seinem Vater in den Kinderhort gebracht und nachmittags von seiner Großmutter Elisa abgeholt. Da sie in der gleichen Stadt wohnt und ein großes Herz für ihren Enkel hat, erklärte sie sich nach dem überraschenden Auszug der Mutter bereit, sich um ihn bis zum Büroschluß des Vaters zu kümmern. Diese Unterstützung begrüßten sowohl Victor als auch sein Vater, da ihnen somit die Suche nach einer ‚fremden‘ Tagesmutter erspart blieb.

„Was hast du heute für eine Entschuldigung parat?" fragt Victor, der sich mittlerweile an die notorischen Verspätungen seines Vaters gewöhnt hat.

„Ich hatte einen schrecklich unzufriedenen Gewinner an der Strippe", erklärt der Vater. „Der Mann hat in unserem Preisausschreiben einen Flug nach Kreta gewonnen. Da er Griechenland aber aus irgendeinem Grund nicht mag, verlangte er von mir, daß ich sein Flugticket auf den Zielflughafen Rio de Janeiro ändere."

„Wenn ich einen Hund gewinnen würde, würde ich den anstandslos nehmen und nicht durch eine Katze ersetzt haben wollen", kontert Victor.

„Ganz richtig, mein Sohn", sagt der Vater ernst. „Laß uns jetzt bitte nach Hause fahren. Ich habe genug für heute."

„Was gibt es zum Abendessen?" fragt Victor unterwegs.

Das ist eine berechtigte Frage, die der Vater nicht mit gutem Gewissen beantworten kann, weil ihm die Zeit zum Einkaufen fehlte. Da sich im Haus nur Brot, Aufschnitt und Käse finden, bietet er Victor verlegen eine ,kalte Platte' an.

„Ein heißer Hund wäre mir lieber", erwidert Victor schlagfertig, denn das Angebot seines Vaters klingt viel zu langweilig.

„Also gut, *hot dog* soll es sein", meint der Vater. „Allerdings müssen wir die Zutaten dafür noch einkaufen, und du darfst unser Essen zubereiten, wenn du magst?"

„Natürlich mag ich, was für eine dämliche Frage", sagt Victor, der gerne in der Küche Wunder tut.

„Deine Idee mit dem *hot dog* war gut", lobt der Vater später. „Es hat mir ausgezeichnet geschmeckt."

„Mir auch", sagt Victor.

„Du darfst jetzt ein Weilchen spielen, bevor du ins Bett gehst", meint der Vater und steht auf. „Ich muß noch etwas Geschäftliches erledigen und lese dir später eine Geschichte vor."

„Allein spielen macht keinen Spaß", behauptet Victor. „Ich mag viel lieber etwas mit dir spielen. *Mensch ärgere dich nicht* oder *Uno* oder *Halma*."

„Das geht nicht", wehrt der Vater ab. „Die Dinge sind wirklich sehr wichtig und eilen. Es dauert nicht lange, wenn du mich in Ruhe arbeiten läßt. Wenn ich alles durchgefaxt habe, habe ich Zeit für dich."

„Du hast mich gar nicht mehr lieb", bemerkt Victor trotzig. „Deine Faxen sind dir wichtiger als ich."

„Jetzt sei ein lieber Junge und beschäftige dich ein wenig, bis ich fertig bin", fordert der Vater Victor eindringlich auf.

Ohne weiteren Kommentar macht sich Victor davon und geht beleidigt in sein Zimmer.

„Ich ziehe zu Oma Elisa", meint Victor am nächsten Morgen beim Frühstück. „Die mag mich, spielt mit mir und ist auch nicht so abweisend wie du."

„Du mußt sehr schlecht geschlafen haben, daß du so früh am Morgen einen derartigen Blödsinn von dir gibst", stellt der Vater fest. Im gleichen Atemzug läßt er sich Victors Vorschlag durch den Kopf gehen. Im Grunde genommen ist es nicht die schlechteste Idee, denkt er. Wenn er Victor wenigstens einige Tage bei Elisa unterbringen würde, könnte er im Büro vieles aufarbeiten, um wieder auf dem laufenden zu sein. Der Vater greift zum Telefon.

Victor ist begeistert, für die nächsten Tage einen großen Bogen um seinen hektischen Vater machen zu dürfen. Eifrig packt er das Wichtigste in einen Koffer und wird anschließend von seinem Vater zur Oma chauffiert.

„Magst du heute den Kindergarten schwänzen?" fragt ihn Elisa, nachdem sich Victors Vater von ihnen verabschiedet hat.

„Ich weiß nicht recht", antwortet Victor zögernd.

„Wie ich aus deinem betrübten Gesichtsausdruck schließe, war unser Herr Professor mal wieder ungenießbar, stimmt's?" fragt die Oma.

„Ungenießbar ist noch geschmeichelt", antwortet Victor. „Der denkt nur an seine Arbeit. Was anderes hat er nicht im Kopf. Er hat noch nicht einmal Zeit, mit mir zu spielen. Ich bin ihm schnurzpiepegal."

„Das kann ich mir nicht vorstellen", sagt Elisa besänftigend. „Du bist dem guten Higgins nicht egal. Er ist momentan überlastet und kann nicht aus seiner Haut heraus."

Victors Großmutter hatte ihrem Enkel einmal die Geschichte von *My Fair Lady* erzählt, weil sie den gleichen Vornamen wie das Blumenmädchen trägt. Wie Professor Higgins fällt es auch Victors Vater schwer, Gefühle zu zeigen. Aus diesem Grund bekam er von Victor und Elisa diesen Spitznamen verpaßt.

Elisa kennt ihren Sohn und bedauert, daß er nicht über seinen eigenen Schatten springt, um Victor liebevoll seine Zuneigung zu beweisen. Sie weiß, daß Victor ihm alles bedeutet. Aber wie soll der Junge begreifen, daß der Vater seinen vermeintlich ‚harten Kern' hinter einer Fassade versteckt und mit seiner Gefühlskälte überspielt? Das ist für ein Kind in seinem Alter zuviel verlangt. Victor muß spüren, daß sein Vater ihn gern hat, und soll dies durch Taten bestätigt bekommen. Elisa überlegt hin und her, bis sie weiß, was sie zu tun hat.

„Wir gehen jetzt zusammen in die Stadt, und ich kaufe dir einen Schulranzen", schlägt Elisa vor. „Hast du etwas dagegen?"

Victor umarmt seine Oma. Flugs ist seine schlechte Laune verschwunden.

„Du bist die Beste", meint Victor ehrlich.

„Und du bist ein bezaubernder Junge", erwidert die Großmutter.

Am nächsten Tag geht Victor beschwingt in den Kindergarten und erzählt seinen Freunden, daß er von seiner Oma einen Ranzen geschenkt bekommen hat. Im Gegensatz zu etlichen seiner Kameraden freut er sich auf seine baldige Einschulung und die damit verbundene Herausforderung.

Nach weiteren zwei Tagen ist der Aufenthalt bei seiner Großmutter vorbei und für Victor viel zu schnell vergangen.

„Morgen geht die gewohnte Routine wieder los", muntert Elisa ihren Enkel auf. „Du mußt nur ein wenig schlafen, und in ein paar Stunden sehen wir uns wieder, wenn ich dich vom Hort abhole."

„Wann kommt Professor Higgins?" fragt Victor.

„Eigentlich wollte er schon vor einer halben Stunde hier sein. Ich habe nicht die geringste Ahnung, wo er wieder steckt", antwortet Elisa und schmunzelt selbstbewußt.

Sekunden später hört Victor die Klingel und öffnet die Tür.

„Was hast du heute für eine Entschuldigung?" fragt Victor und gibt sich große Mühe, kritisch dreinzuschauen.

Der Vater umarmt seinen Sohn zur Begrüßung und gibt ihm einen kameradschaftlichen Klaps auf die Schulter.

Victor schaut seinen Vater erstaunt an. Solche liebgemeinten Gesten ist er von ihm nicht gewöhnt.

„Ich hatte einen Anruf", erzählt der Vater.

„Dachte ich es mir", sagt Victor. „Von wem dieses Mal?"

„Von einem betagten, dennoch äußerst aufmerksamen und hilfreichen Blumenmädchen", antwortet der Vater. Er schaut seine Mutter dankbar an und blinzelt ihr zum Zeichen der Verbundenheit zu.

Wieso glaubt Victor, sein Vater habe ihn nicht lieb?

Victor begreift nicht, warum seine Mutter ihn verlassen hat und ohne ihn ein neues Leben beginnen möchte. Nur langsam gewöhnt er sich an die veränderte Familiensituation. Seine nächste weibliche Bezugsperson nach dem Auszug der Mutter ist Elisa, die ihren Enkel in seiner Verlorenheit auffängt und ihm die Kraft gibt, sein Selbstwertgefühl nicht restlos zu verlieren.

Der Vater ist beruflich stark engagiert und fühlt sich in seiner Doppelrolle manchmal überfordert. Er vernachlässigt Victors Bedürfnisse und wird dafür von seinem Sohn mit einem störrischen Verhalten ‚bestraft'. Victor sieht die Arbeit seines Vaters als Bedrohung an, weil ihm scheint, daß er dieser mehr Aufmerksamkeit schenkt als ihm.

Für Victor ist es wichtig, die ‚echten' Gefühle seines Vaters zu erfahren. Schließlich ist Victor auch ‚echt' und hält mit seinen Empfindungen wie ‚allein spielen macht keinen Spaß' nicht hinterm Berg. Daher begreift der Junge nicht, warum es seinem Vater so schwer fällt, seine Gefühle zu zeigen.

Dank Elisas Zurechtweisung gelingt es dem Vater, über seinen Schatten zu springen. Der sachte Annäherungsversuch, mit dem er Victor eine klare Botschaft signalisiert, ist ein Meilenstein auf dem Weg zu einem ‚wärmeren' Verhältnis zwischen beiden und läßt Victor deutlich spüren, daß er im Leben und Herzen seines Vaters einen festen Platz hat.

Strafarbeit

Wer Grundsätze hat,
darf auch einmal einen fallen lassen.

(Otto Flake)

Abgehetzt kommt die Mutter von der Arbeit nach Hause, legt Mantel und Handtasche in die Diele und begibt sich in die Küche, um das Essen aufzuwärmen, das sie am Vortag vorbereitet hat. Auch wenn sie dankbar ist, nach einer längeren Berufspause wieder zu arbeiten und neben dem Unterhalt eine zusätzliche Einnahmequelle zu beziehen, strapaziert sie die tägliche Hetze. Manchmal kann sie sich des Eindrucks nicht erwehren, daß sie eine Maschine ist, die morgens aufgezogen wird und erst abends zur Ruhe kommt, wenn ihre Kinder schlafen und alle Aufgaben erledigt sind. Sie steht zu diesen gelegentlich auftauchenden Gedanken, in denen sie sich bewußt wird, keine ‚Übermutter' zu sein, sondern eine, die normale, menschliche Gefühle zeigt. Sie behauptet nicht, alles mit links zu schaffen, denn damit würde sie sich in die eigene Tasche lügen.

Trotz der Doppelbelastung nimmt sich die Mutter Zeit für ihre Kinder, ist Ratgeber für kleine und große Sorgen und legt Wert auf die Kommunikation. In einem gemeinsamen Gespräch wurde einst eine ‚Be-

27

dürfnispyramide' erstellt, auf der *Rücksichtnahme*, *Respektieren* der individuellen Wünsche wie auch das *Tolerieren* der diversen Marotten festgehalten wurde. Hegt die Mutter etwa den Wunsch, sich Ruhe zu gönnen, tolerieren das ihre Kinder. Das gleiche gilt auch umgekehrt: Hat der 14jährige Florian das Bedürfnis, sich für eine Weile in seinem Zimmer ‚einzubunkern', oder die 10jährige Rebecca das Verlangen, sich mit einem Buch zurückzuziehen, werden auch diese Wünsche geachtet.

Jenes Gespräch war notwendig geworden, nachdem die Atmosphäre in der Familie zunehmend gespannter wurde. Florian und Rebecca stritten sich unentwegt miteinander, und die Nerven der Mutter waren nach einem anstrengenden Arbeitstag häufig zum Zerreißen gespannt. Seitdem die Karten offen auf den Tisch gelegt wurden, ist das Leben in der Familie entspannter. Natürlich werden die guten Vorsätze nicht immer umgesetzt, natürlich ‚flippt' einer mal wegen diesem oder jenem aus, doch ist wenigstens die Absicht bei allen vorhanden, sich gegenseitig zu respektieren.

Um ihre Tätigkeiten, Beruf und Erziehung, so gut wie möglich miteinander zu kombinieren, läßt die Mutter Hausarbeit manchmal Hausarbeit sein oder wirft auch einmal ihre Prinzipien über Bord. Florian und Rebecca akzeptieren dies, denn sie befürworten eine Mutter, die hin und wieder aus der Reihe tanzt, anstatt sich immer an starre Regeln zu halten.

Die Mutter begrüßt Florian und Rebecca, die gemeinsam aus der Schule kommen.

„Hab' ich einen Kohldampf", sagt Florian.

„Hast du denn dein Schulbrot nicht gegessen?" fragt die Mutter.

„In der großen Pause hatte ich keinen Hunger", antwortet Florian.

„Kein Wunder knurrt dir der Magen."

Die Kinder waschen sich die Hände und setzen sich an den gedeckten Tisch.

„Ich möchte euch etwas sagen, bevor ihr mir eure Neuigkeiten erzählt", meint die Mutter.

„Oh, oh!" entschlüpft es Rebecca.

„Halb so schlimm", versichert die Mutter. „Ich möchte euch nur vorwarnen."

„Wir hören", sagt Florian.

„Ich habe schlechte Laune", verkündet die Mutter. „Meine Kollegen haben mich heute alle genervt."

Beide Kinder verstehen. Auch diese Abmachung wurde bei jenem Gespräch vereinbart: Befindet sich ein Familienmitglied in einer gereizten Stimmung, teilt er dies den anderen mit, damit sie dementsprechend reagieren können. Dadurch weiß jeder, daß die schlechte Laune nichts mit ihm zu tun hat, und bemüht sich, Rücksicht zu nehmen.

„Was habt ihr an Hausaufgaben auf?" fragt die Mutter.

„Latein, Deutsch und Französisch", antwortet Florian.

„Mathe und Erdkunde", sagt Rebecca.

„Was hast du in Erdkunde auf?" fragt Florian seine Schwester.

„Ich muß ein paar Sätze über die Moräne auswendig lernen", antwortet sie.

„Wenn du möchtest, höre ich dich später ab", bietet die Mutter ihrer Tochter an.

Nach dem Mittagessen ziehen sich beide Kinder in

ihre Zimmer zurück. Am Nachmittag trägt Rebecca den aufgegebenen Text fehlerfrei vor. Die Mutter lobt ihre Tochter und klappt das Erdkunde-Buch zu. Sie stutzt, als sie den nächsten Satz ihrer Tochter hört.

„Den zweiten Absatz kapiere ich irgendwie nicht", meint Rebecca betreten.

„Wie schnell aus ein paar Sätzen ein halber Roman werden kann", meint die Mutter und schaut ihre Tochter fragend an.

„Ähm", sagt Rebecca peinlich berührt.

Die Mutter liest sich den betreffenden Absatz durch. „Was um alles in der Welt hat sich euer Lehrer bei dieser Hausaufgabe bloß gedacht?" fragt sie aufgebracht. Sie begreift nicht, warum man eine Seite über Gletscher, Gesteinsmaterial, Wildwasserlandschaft mit Kiesbänken und Sandinseln auswendig lernen soll. Daß ihre Tochter den Stoff über die Eiszeit und das Abschmelzen verstehen soll, leuchtet ihr ein, aber nicht das Auswendiglernen.

„Der spinnt halt", kommentiert Rebecca knapp.

Florian, der die Unterhaltung zwischen Mutter und Schwester mitbekommt, mischt sich in das Gespräch ein. „Der Müller gibt nie und nimmer Hausaufgaben zum Auswendiglernen auf. Ich war vorhin schon mißtrauisch, als du es gesagt hast. Sei doch ehrlich, Rebecca, und gib zu, daß du etwas verbockt hast und dir eine Strafarbeit aufgebrummt worden ist."

Florian besucht das gleiche Gymnasium wie seine Schwester. In den letzten zwei Jahren, in denen Herr Müller sein Klassenlehrer war, hat der Junge genügend Erfahrung mit den Marotten des Lehrers sammeln können und kennt seine Vorliebe für Strafarbeiten, die ausschließlich ‚auswendig lernen' umfassen.

„Ist überhaupt nicht wahr", keift Rebecca ihren Bruder an, und eine dicke Träne rinnt ihr über die Wange.

„Laß uns bitte kurz allein, Florian", sagt die Mutter, die verärgert ist, weil ihre Tochter nicht die Wahrheit gesagt hat.

Beschämt bekennt sich Rebecca zu ihrer Ausrede und entschuldigt sich dafür. „Es war doch nur eine kleine Notlüge", verteidigt sich das Mädchen. Rebecca erklärt ihrer Mutter, daß sie ihr Klassenarbeitsheft vergessen hat und ihr deswegen die Strafarbeit auferlegt wurde.

„Habe ich das Heft etwa noch auf meinem Schreibtisch liegen?" fragt die Mutter erschrocken.

„Wahrscheinlich", antwortet Rebecca leise.

Umgehend vergewissert sich die Mutter und sieht, daß ihre Vermutung stimmt. Sie hatte die Klassenarbeit zwar unterschrieben, aber versäumt, ihrer Tochter das Heft zurückzugeben; und Rebecca hatte verschlafen, es zurückzufordern. Der Mutter wird bewußt, daß Rebecca mit der Notlüge ihr die Zuweisung des Schwarzen Peters ersparen wollte.

„Eigentlich müßte ich den zweiten Absatz auswendig lernen", gesteht die Mutter. „Aber das werde ich nicht tun, und du hast meine Erlaubnis, das Buch in die ‚Urdonau' zu werfen. Ich meine natürlich, in den Ranzen zu packen."

Rebecca strahlt ihre Mutter an und ist glücklich, daß ihr das Pauken erspart bleibt.

„Sollte Herr Müller dich wegen des zweiten, nicht gelernten Absatzes rügen, darfst du mich gerne bei ihm in der Sprechstunde anmelden", schlägt die Mutter vor.

Im Grunde genommen ist die Mutter nicht generell gegen Strafarbeiten. Weil ihre Tochter aber lediglich ein Heft vergessen und nichts Gravierendes zu verantworten hat, sträubt sie sich innerlich gegen die harte und für diesen geringfügigen Fehltritt unangemessene Strafe, zudem sie daran nicht ganz unschuldig ist. Sie ist bereit, ihren Standpunkt dem Lehrer gegenüber zu vertreten, ihre Tochter zu verteidigen und sich mit ihm auseinanderzusetzen, sollte er Rebecca zur Rechenschaft ziehen.

„Gibt es etwas zu feiern?" fragt Florian, als er das Gelächter von Mutter und Schwester hört.

Rebecca klärt ihren Bruder über ihre Ausgelassenheit auf, und Florian stimmt in die Fröhlichkeit ein.

„Die Lehrer haben durch die Bank eine Macke", behauptet Florian. „Ich hab' doch schon immer gesagt, daß der Müller eine Meise hat."

„Na, na, na", meint die Mutter und versucht, ein ernstes Gesicht zu machen, was ihr jedoch nicht gelingt.

„Ausnahmsweise bin ich deiner Meinung", gibt Rebecca ihrem Bruder recht. „Ich habe neulich in einer Fernsehsendung gehört, daß Lehrer zukünftig nach Engagement bezahlt werden sollen."

Florian lacht. „Dann wird es bald ganz viele arme Lehrer geben", meint er.

„Ihr könnt froh sein, daß ihr vorwiegend nette, verständnisvolle und engagierte Lehrer habt, die euch jeden Tag Neues und Wissenswertes beibringen", behauptet die Mutter.

Florian und Rebecca schauen ihre Mutter entgeistert an und fragen sich ernsthaft, auf welchem Planeten sie lebt. Mütter haben manchmal eben keine Ahnung, denken sie.

Warum reagiert die Mutter auf Rebeccas Notlüge so gelassen?

Die Doppelbelastung von Beruf und Erziehung droht die Mutter von Rebecca und Florian manches Mal zu überfordern. Aber auch wenn sie sich dann völlig ausgelaugt fühlt, will sie weder auf die Möglichkeit verzichten, ihrem Beruf nachzugehen, noch möchte sie, daß unter ihrer Arbeit die Kinder zu leiden haben.

Deshalb hat sie mit Rebecca und Florian darüber gesprochen und mit ihnen einige Regeln vereinbart, die das nicht immer spannungslose Zusammenleben erleichtern sollen. Die Grundlage für ein gegenseitiges Respektieren und Tolerieren ist die Offenheit, Schwächen oder Schwächephasen den anderen gegenüber einzugestehen.

Deshalb ärgert es die Mutter nicht wenig, als Rebecca sie wegen der Strafarbeit zunächst anlügt und damit gegen ein Grundprinzip der Familie verstößt. Sehr schnell aber merkt sie, daß ihre Tochter sie nicht angelogen hat, weil sie ihr mißtraut oder weil sie einen Vorteil für sich daraus ziehen wollte. Vielmehr hat Rebecca nicht zuletzt Zuflucht zur Notlüge gesucht, weil sie ihrer Mutter nicht die Schuld für ihre Strafarbeit zuschieben wollte.

Als die Mutter dies erkennt, verfliegt ihr Ärger über die Notlüge, und sie übernimmt nun ihrerseits die Verantwortung für die Strafarbeit, um ihrer Tochter zu zeigen, daß sie die Motive ihres Handelns verstanden hat und Rebecca nach wie vor vertraut.

Ein Vogeltraum

Nicht da ist man daheim,
wo man seinen Wohnsitz hat,
sondern wo man verstanden wird.
(Christian Morgenstern)

„Hallo, Dirk", begrüßt die Mutter ihren 9jährigen Sohn. „Wie war's in der Schule?"

Dirk erzählt vom gemeinen Mathe-Lehrer, der zuviel Hausaufgaben aufgegeben hat, und von zwei seiner Klassenkameraden, die sich auf dem Pausenhof mächtig gestritten haben. Aber die Mutter ist mit ihren Gedanken ganz woanders und hört nur mit halbem Ohr zu. „Mach dir bitte dein Essen in der Mikrowelle warm, ich muß dringend etwas fertig schreiben."

„Von mir aus", erwidert Dirk.

„Noch etwas", fügt die Mutter hinzu. „Nachdem du deine Hausaufgaben erledigt hast, räume bitte dein Zimmer auf. Bei dir sieht es aus wie in einem Schweinestall."

„Das meinst nur du", kontert Dirk. „Ich finde immer alles."

„Trotzdem", beharrt die Mutter. „Ein wenig Ordnung kann nicht schaden."

Der Junge nimmt seinen Ranzen von den Schultern, während die Mutter in ihr Arbeitszimmer geht, das sie sich einige Monate nach der Scheidung eingerichtet hat. In ihrem Schreibbüro erledigt sie Aufträge für Kunden und ist froh, die damalige Marktlücke in diesem Bereich rechtzeitig erkannt zu haben. Ihre Selbständigkeit entstand weniger aus dem Wunsch, arbeiten zu wollen, als aus finanzieller Not, denn mit dem Unterhalt ihres Ex-Mannes konnte sie kaum die Lebenshaltungskosten des Drei-Personen-Haushalts bestreiten, geschweige denn große Sprünge machen.

Dirk setzt sich an den Tisch; in dem Moment, in dem er zu essen anfängt, klingelt es. Reflexartig steht er auf und öffnet die Tür. „Hi, sister", sagt er zu Nadja.

Die Mutter begrüßt ihre 13jährige Tochter und fragt auch sie, wie es in der Schule war. Nadja fängt an zu berichten, hält dann aber inne, weil sie merkt, daß ihre Mutter nicht richtig zuhört.

„Warum fragst du mich eigentlich, wenn du gar nicht bei der Sache bist?" meint Nadja verschnupft. „Nur, um Interesse zu zeigen, obwohl du keins hast?"

„Entschuldige bitte. Ich brüte gerade über einer Arbeit, die mich sehr beschäftigt", meint die Mutter und setzt sich wieder in ihr Büro ab.

Nadja macht sich das Essen warm und leistet ihrem Bruder Gesellschaft.

„Mir hat sie vorhin auch nicht zugehört", beschwert sich Dirk bei seiner Schwester.

„Echt doof", schimpft Nadja. „Am besten sage ich überhaupt nichts mehr."

Der Nachmittag verläuft wie üblich. Die Kinder verziehen sich in ihre Zimmer und erledigen die Hausaufgaben, während die Mutter eilig zwischen Büro und Küche hin- und herläuft.

„Diese blöden Textaufgaben versteh' ich nicht", meint Dirk, als seine Mutter bei ihm vorbeischaut.

„Schatz", sagt die Mutter. „Ich habe dafür jetzt wirklich keinen Nerv, weil ich mit meiner Arbeit noch nicht ganz fertig bin. Frag bitte deine Schwester."

„Nie hast du Zeit für mich", meckert Dirk.

„Später", sagt die Mutter.

„Das sagst du mir dauernd", behauptet Dirk.

„Die Arbeit muß nun einmal beendet werden", meint die Mutter.

„Ich weiß, ich weiß", sagt Dirk. Mit seinem Buch wandert er zu Nadja, die ihn zunächst anschnauzt. Auch sie habe Hausaufgaben zu erledigen, deshalb solle er sie nicht mit seinen Fragen belästigen. Als Dirk nach ihrem barschen Anpfiff anfängt zu weinen, bekommt sie Mitleid mit ihrem jüngeren Bruder, erbarmt sich und erklärt ihm die mathematischen Schritte.

Mit den Ratschlägen seiner Schwester kehrt Dirk wieder an seinen Schreibtisch zurück. Als er mit seinen Hausaufgaben fertig ist, legt er sich zufrieden auf sein Bett und hört Musik. Daß er sein Zimmer aufräumen soll, hat er längst vergessen.

„Kann ich bitte meine CD wiederhaben?" fragt Nadja, die plötzlich in Dirks Zimmer steht.

„Die hör' ich aber gerade", antwortet Dirk.

„Zufällig will *ich* sie hören. Gib sie mir also zurück."

„Erst wenn ich die nächsten zwei Lieder gehört habe."

„Ich möchte sie aber jetzt und nicht erst im nächsten Jahrhundert."

„Bist du eine blöde Ziege."

„Nie mehr werde ich dir erklären, wie du deine dämlichen Textaufgaben lösen kannst, du Fisch."

„Selber."

„Gib mir auf der Stelle meine CD."

„Ich bringe sie dir gleich."

Nadja platzt fast vor Wut, aber die Tüte Kaubonbons, die sie auf Dirks Schreibtisch entdeckt, lenkt sie für einen Moment ab. Das Mädchen überlegt nicht lange und stibitzt eines. Natürlich entgeht Dirk dieser ‚Diebstahl' nicht, und er rastet aus. Nadja zeigt ihrem Bruder den Vogel, weil sie für seine, wie sie sich auszudrücken pflegt, unterbelichteten Temperamentsausbrüche kein Verständnis hat.

„Fisch", wiederholt Nadja. „Kauf dir deine CDs in Zukunft selber."

Dirk schaltet seine Stereoanlage aus, nimmt die CD heraus und wirft sie zu Nadja hin.

„Fisch."

„Mama", brüllt Dirk. „Nadja hat mich beleidigt."

„Streithähne", meint die Mutter.

„Dirk hat eine CD nach mir geworfen", sagt Nadja.

„Nadja hat aber angefangen", behauptet Dirk.

„Logisch. Die Blöde bin ich. Du bist unschuldig, du Fisch, du", sagt Nadja zornig.

„Hört auf der Stelle auf mit dem Gezanke", mahnt die Mutter. „Ich kann, will und werde keine Partei ergreifen. Schließlich weiß ich nicht, was vorgefallen ist und um was es überhaupt geht."

„Wie kannst du auch, wenn du dich immer in dein Büro sperrst, arbeitest und für uns keine Augen und Ohren hast", meint Nadja verbittert.

Der Mutter rutscht fast die Hand aus; sie kommt aber noch rechtzeitig zur Vernunft, da Nadja mit ihrer Behauptung nicht ganz unrecht hat.

„Ihr dürft euch fertig fürs Bett machen", sagt die Mutter, die in der vergifteten Atmosphäre das Gespräch nicht fortführen will.

Wortlos verschwindet Nadja, und auch Dirk macht sich mit eingeschnappter Miene davon.

„Wolltest du nicht dein Zimmer aufräumen?" ruft die Mutter Dirk hinterher, die sieht, daß in seinem Zimmer noch dasselbe Chaos wie vorher herrscht.

„Du wolltest es, daß ich es will", antwortet Dirk ärgerlich. „Aber ich habe es vergessen."

„‚Was du heute kannst besorgen, das verschiebe nicht auf morgen', heißt ein Sprichwort", meint die Mutter gedankenverloren. „Aber in deinem Fall mußt du es auf morgen verschieben, weil es jetzt zu spät ist. Gute Nacht, Dirk."

„Gute Nacht", erwidert Dirk.

Nachdem sie auch Nadja eine gute Nacht gewünscht hat, begibt sie sich in ihr Büro, erledigt ihre Arbeit und geht ins Bett. In der Nacht wird sie von Dirks heftigem Schluchzen aus dem Schlaf gerissen. Sie findet ihren Sohn zitternd vor.

„Ich bin als Vogel in der Landschaft herumgeflattert", sagt Dirk verwirrt. „Du warst ein Hase und Nadja ein Eichhörnchen."

„Es war ein Traum, mein Liebling", meint die Mutter und streichelt Dirk sanft über den Kopf. „Soll ich bei dir bleiben, bis du wieder eingeschlafen bist?"

„Ja", antwortet Dirk leise und schmiegt sich eng an seine Mutter. „Darf ich dir den Traum erzählen?"

„Wenn du möchtest."

Dem Vogel ist das fröhliche Zwitschern vergangen, da er sich vernachlässigt fühlt. Seine Mutter reizt ihn, weil sie meint, er solle sein Nest aufräumen, obwohl er sich in seiner chaotischen Unordnung sehr wohl fühlt. Seine Schwester flattert wie selbstverständlich in sein Nest, ohne vorher anzuklopfen. Zudem verschlingt sie unaufgefordert seine leckeren Körner, weil sie zu bequem ist, sich selbst welche zu suchen. Dem Vogel ist in seiner Umgebung nicht mehr wohl zumute. Er will sein Nest nicht aufräumen und mag seine Körner nicht mit seiner Schwester teilen. Vielmehr wünscht er sich, ganz weit weg zu fliegen, um endlich frei zu sein, um endlich das tun und lassen zu können, wonach ihm der Sinn gerade steht.

Eines Tages nutzt der Vogel die Gunst der Stunde und fliegt davon. Überglücklich flattert er mit den Flügeln und trällert munter vor sich hin. Nach vielen Flugstunden landet der Vogel auf einer Wiese. Er ist sehr erschöpft und ruht sich aus, bevor er weiterfliegt, um die neue Welt zu erkunden, auf die er so neugierig ist. Während der Vogel eine Verschnaufpause einlegt und seine gewonnene Freiheit genießt, hoppelt ein Hase auf ihn zu und spricht ihn an.

„Du siehst mitgenommen aus", meint der Hase besorgt. „Kann ich dir irgendwie helfen?"

„Ich fühle mich aber verflixt wohl in meinem unaufgeräumten Nest", meint der Vogel gereizt. „Warum soll ich es also aufräumen?"

Der Hase wackelt mit seinen Ohren und schaut den Vogel verwundert an. Wahrscheinlich ist das arme Federvieh gegen einen harten Gegenstand geflogen und hat sich dabei den Kopf verletzt, denkt der Hase. Eilig hoppelt er davon.

Der Vogel schwingt sich erneut in die Lüfte und landet kurz darauf auf einem Ast. Ein Eichhörnchen klettert den Baum empor und läßt sich neben dem Vogel nieder.

„Kannst du mir bitte ein nettes Lied vorsingen?" fragt das Eichhörnchen freundlich. „Ich liebe das Vogelgezwitscher."

39

„Du sollst dich nicht in meinem Nest breit machen und mir meine leckeren Körner wegfressen", antwortet der Vogel verärgert. „Warum kaufst du dir dein Futter nicht selbst?"

Das Eichhörnchen schwingt seinen langen, buschigen Schwanz und klettert schnell den Baum hinunter, bevor der Piepmatz vollkommen überschnappt und es sich noch mehr wirres Zeug anhören muß.

Während Dirk langsam wieder einschläft, ist die Mutter nachdenklich geworden. Natürlich hat sie gleich gemerkt, daß der Traum ihres Sohnes die Ereignisse vom Nachmittag widerspiegelt. Und nun wollen ihr auch Nadjas Worte nicht mehr aus dem Sinn, die sie angeklagt hatte, ihr und ihrem Bruder keine Aufmerksamkeit mehr zu schenken.

Betrübt zieht sie sich in ihr Schlafzimmer zurück. Auch als sie sich vornimmt, ihren Kindern in Zukunft mehr Zuwendung zu geben – in dieser Nacht findet sie keinen Schlaf mehr.

Warum ist die Mutter plötzlich so bestürzt?

Nach der Scheidung war die Mutter froh gewesen, einen Job zu finden, mit dem sie die mageren Unterhaltszahlungen ihres Ex-Mannes aufbessern konnte. Nicht daß sie tatsächlich in Lohn und Brot hätte stehen wollen, aber diese Schreibtätigkeiten, die sie von zu Hause erledigen konnte, waren ihr als eine unter den gegebenen Umständen geradezu ideale Lösung erschienen. So brauchte sie sich nicht um jemanden zu bemühen, der sich um ihre Kinder kümmerte, während sie das Geld verdiente.

Im Laufe der Zeit hatte sie dann aber gar nicht gemerkt, wie ihr die Doppelbelastung von Beruf und Erziehung zunehmend zu schaffen machte und sie von ihren Kindern entfremdete, obwohl die Mutter den ganzen Tag um sie war. Das räumliche Zusammensein hatte sie darüber hinweggetäuscht, daß sie für Dirk und Nadja im Wechselspiel zwischen den notwendigen alltäglichen Verrichtungen und ihrer Arbeit nur noch beiläufige Aufmerksamkeit übrig hatte. Wie sehr ihre Kinder unter dieser Situation leiden, wurde ihr erst durch Dirks Traum und Nadjas schroffe Bemerkung deutlich.

Nun ist es nie zu spät, ein Problem anzugehen und zu versuchen, es zu bewältigen. Auch wenn die Mutter aufgrund der finanziellen Misere ihren Job nicht einfach aufgeben kann, so könnte sie doch – gerade aufgrund der Flexibilität ihrer Arbeitszeiten – versuchen, die berufliche Tätigkeit vornehmlich am Vormittag oder am Abend zu erledigen, wenn die Kinder in der Schule oder schon im Bett sind. So könnte sie sich, beginnend mit einem gemeinsamen Mittagessen, nachmittags einige Stunden nur um die Kinder kümmern, die nicht länger das Gefühl zu haben brauchten, bloß eine Zwischenstation im hektischen Leben ihrer Mutter zu sein.

Wenn Gefühle Tango tanzen

Die Vernunft formt den Menschen,
das Gefühl leitet ihn.
(Jean-Jacques Rousseau)

„Darf ich oder darf ich nicht?" fragt die 14jährige Tanja erwartungsvoll. „Komm schon, Vati, sag bitte ja!"

„Tut mir leid, aber ich habe jetzt nicht die nötige Zeit, mich mit dir darüber zu unterhalten", antwortet er.

Der Vater ist an diesem Abend mit einem Freund zum Tennisspielen verabredet und bereits spät dran. Er vertröstet seine Tochter und verspricht, ein anderes Mal mit ihr über die Angelegenheit zu reden. Tanjas Gefühle tanzen Tango, weil sie einen Wunsch geäußert hat, der in der Familie für Aufregung sorgt, und sie noch nicht weiß, ob er erfüllt wird.

Nach Tanjas achtem Geburtstag beschließen ihre Eltern, daß eine Trennung die beste Lösung ist. Ihr Vater zieht aus, und sie bleibt bei ihrer Mutter. Natürlich befürwortet Tanja den Schritt ihrer Eltern nicht, hält ihnen aber einen Punkt zugute: Sie sprechen aufrichtig mit ihr über die Situation und versichern ihr, daß sie nicht den geringsten Anteil an der ganzen traurigen Geschichte hat. Vielmehr seien es ihre Probleme miteinander, die letztendlich der Grund für die Entscheidung sind.

Tanja wird regelmäßig von ihrem Vater abgeholt, darf mit ihm das Wochenende verbringen und fühlt sich bei ihm aufgehoben. Beide Elternteile kümmern sich gewissenhaft um ihre Tochter, schenken ihr Aufmerksamkeit, und eigenartigerweise schlagen sie nach der Scheidung auch einen ruhigeren Ton untereinander an. Da Tanja unter den Auseinandersetzungen ihrer Eltern sehr gelitten hat, ist sie froh über diese Wandlung.

Ein Jahr nach der Trennung beginnt Tanjas Mutter, nachmittags zu arbeiten. Mutter und Tochter sehen sich kaum noch. Kommt Tanja von der Schule nach Hause, ist ihre Mutter schon fort oder im Begriff zu gehen. Sie geben sich praktisch die Klinke in die Hand. Abends ist die Mutter noch zu angespannt, um sich mit Tanja zu beschäftigen oder ihre Hausaufgaben durchzusehen.

Tanjas Gefühle tanzen Tango.

Diese Umstände hält Tanja vier Monate aus. Sie denkt nach, wie ihr Leben daheim für sie attraktiver werden könnte. Als ihre Mutter einmal nicht so erschlagen von der Arbeit zurückkehrt, paßt Tanja den günstigen Augenblick ab.

„Hast du heute einen guten Tag gehabt?" begrüßt Tanja ihre Mutter.

„Ja, das habe ich", erwidert sie. „Und wie war dein Tag?"

„Ich habe überlegt!"

„Worüber?"

„Mir ging so manches durch den Kopf."

„Möchtest du genauer werden?"

„Ich weiß nicht so recht, wo ich beginnen soll."

„Am besten am Anfang."

Tanja fragt ihre Mutter, ob sie nicht morgens arbeiten könnte, während sie in der Schule ist. Sie sagt ihrer

Mutter, daß es ihr nicht gefällt, den ganzen Tag allein zu sein, und daß es schön wäre, wenn sie wieder mehr zusammensein könnten. Die Mutter jedoch trägt tausendundein Argument gegen diese Anregung vor. Da Tanja die Einwände ihrer Mutter nicht versteht, kommt sie zu dem Ergebnis, ihrer Mutter bedeute der Job mehr als sie.

Tanjas Gefühle tanzen Tango.

Im Laufe des Gesprächs sickert aber schließlich der wahre Grund für die ablehnende Haltung der Mutter durch. Sie hat sich in ihren Kollegen Tom verguckt, der morgens im Außendienst unterwegs und nur nachmittags im Büro ist. Würde sie vormittags arbeiten, hätte sie keine Gelegenheit, Tom täglich zu sehen.

„Liegt dir noch etwas am Herzen?" fragt die Mutter.

„Nein", antwortet Tanja betrübt.

Am täglichen Ablauf ändert sich für Tanja nichts. ‚Welchen Platz nehme ich und das, was mich beschäftigt, eigentlich noch bei meiner Mutter ein?' fragt sie sich, denn diese verbringt ihre Freizeit nur mit Tom.

„Hast du eine Minute für mich?" fragt Tanja eines Abends. „Ich möchte gerne mit dir reden."

„Das klingt ernst", meint die Mutter und setzt sich.

„Ich will zu Vati ziehen", sagt Tanja knapp.

Wie vor den Kopf gestoßen wird Tanjas Mutter klar, was ihre Tochter wünscht, und sie ist bis ins Mark getroffen. „Hast du dir das vorher genau überlegt?" fragt die Mutter und schaut ihre Tochter kritisch an.

„Ja, habe ich", insistiert Tanja. „Weil Vati doch arbeitslos und zu Hause ist, hat er mehr Zeit für mich als du. Deswegen dachte ich …"

„… daß du zu ihm ziehst", beendet die Mutter den Satz.

„Genau!"

„Was sagt Bettina dazu?"

Tanjas Vater ist inzwischen wieder verheiratet. Er und seine Frau Bettina würden sie bereitwillig aufnehmen, vorausgesetzt, Tanjas Mutter willigt ein. Diesen Punkt hat Tanja vorab bereits geklärt.

Anfangs ist Tanjas Mutter strikt dagegen, gibt aber schließlich auf Tanjas dauerndes Bitten nach. Sie macht jedoch zur Bedingung, daß Tanja sich endgültig entscheidet und nicht nach Belieben hin- und herziehen kann. Nach vielen endlosen Gesprächen lenkt die Mutter ein, und Tanja zieht nach Abschluß der vierten Grundschulklasse zu ihrem Vater.

Tanja feiert ihren elften Geburtstag mit ihren neuen Schulkameraden und ist rundum glücklich. Ihre Mutter hat sich indessen mit der neuen Lebenssituation abgefunden und nimmt Tanja in einem zweiwöchentlichen Rhythmus bei sich auf.

Ein knappes Jahr später kommt Tanjas Halbbruder auf die Welt und die Harmonie im väterlichen Haushalt bekommt Risse, die noch größer werden, als Bettina nach weiteren 15 Monaten Zwillinge bekommt. Bettina ist mit den drei kleinen Kindern zu beschäftigt, um sich wie früher um Tanja kümmern zu können. Der Vater hat inzwischen eine Arbeitsstelle gefunden und ist oft beruflich unterwegs. Tanja fühlt sich in der quirligen Großfamilie nicht mehr wohl und meint, das fünfte Rad am Wagen zu sein, weil sie mehr und mehr auf sich allein gestellt ist.

Auch die Wochenenden bei ihrer Mutter bieten Tanja keinen Anlaß zur Freude, denn die Mutter hat inzwischen ihren Kollegen Tom geheiratet, mit dem Tanja sich überhaupt nicht versteht. Die zwei geraten laufend aneinander und vertragen sich so gut wie Katz und Maus.

45

Im folgenden Jahr erreicht diese Beziehung jedoch einen bedeutsamen Wendepunkt. Tanja liegt mit einem gebrochenen Bein im Krankenhaus, und der einzige, der sie dort besucht, ist Tom. Ihre Mutter arbeitet mittlerweile ganztägig, Bettina kann sich nicht freimachen, und ihr Vater ist dienstlich im Ausland unterwegs. Tanja und Tom verbringen viele gemeinsame Stunden, reden miteinander und begraben das Kriegsbeil.

Unverhofft fiebert Tanja den Wochenenden bei ihrer Mutter entgegen. Dort kann sie sich friedlich in ihrem Zimmer aufhalten, ohne von ihren temperamentvollen Halbbrüdern gestört zu werden. Die Rückkehr zur Familie des Vaters fällt ihr mit jedem Mal schwerer.

Tanjas Gefühle tanzen Tango.

Tanja hört ihren Vater und springt aus dem Bett.

„Hast du dein Match gewonnen?" fragt sie.

„Nein, habe ich nicht", antwortet der Vater. „Warum bist du noch wach?"

„Ich kann nicht einschlafen!"

„Das ist nicht gut. Du mußt morgen früh aufstehen."

„Ich weiß."

„Sag, Vati, darf ich oder darf ich nicht?" fragt Tanja voller Zuversicht.

„So einfach ist das alles nicht, wie du dir das vorstellst und in deinen Kopf gesetzt hast," meint der Vater.

„Wieso?"

„Deine Mutter bleibt konsequent und wird dich nicht wieder bei sich aufnehmen."

Tanja treten Tränen der Enttäuschung in die Augen. Sie hatte so große Hoffnungen in ihren Wunsch gesetzt, den ein einziger Satz nun zunichte macht.

Tanjas Gefühle tanzen Tango.

Weshalb tanzen Tanjas Gefühle im Zweivierteltakt?

Verständlicherweise möchte Tanja am liebsten dort leben, wo sie sich am wohlsten fühlt. Sie muß jedoch die schmerzliche Erfahrung machen, daß die Verwirklichung dieses Wunsches nicht von ihr allein abhängt.

Das beginnt mit der Scheidung ihrer Eltern, auf die sie keinen Einfluß hat, die aber zu ihrer Überraschung und Freude dazu führt, daß sich nicht nur ihre Eltern wieder besser verstehen, sondern daß sich beide Elternteile bemühen, jederzeit auf Tanjas Bedürfnisse einzugehen. Diese für Tanja angenehme Situation ändert sich schlagartig, als ihre Mutter auf der Arbeit Tom kennenlernt und sich in ihn verliebt. Die unterschiedlichen Bedürfnisse von Mutter und Tochter stoßen hart aufeinander. Die Mutter organisiert ihren Tagesablauf um das Zusammenleben mit Tom; Tanja, die mehr mit ihrer Mutter zusammensein möchte, fühlt sich daraufhin vernachlässigt. Da die Mutter sich unnachgiebig zeigt, ist es diesmal Tanja, die eine Veränderung der familiären Situation herbeiführt, indem sie die Bitte äußert, zu ihrem Vater ziehen zu dürfen. Allerdings ist der Preis für die Verwirklichung dieses Vorhabens hoch, denn die Mutter willigt nur unter der Bedingung ein, daß Tanja eine endgültige Entscheidung trifft. Tanja kann und will zu diesem Zeitpunkt die Tragweite einer solchen Entscheidung nicht einsehen. Für sie ist es nur der sehnlichste Wunsch, zu ihrem Vater zu kommen, von dem sie sich mehr Zeit und Aufmerksamkeit verspricht.

Als sie einige Jahre später, unter völlig veränderten Umständen, aber mit dem gleichen Argument, zu ihrer Mutter zurückkehren will, macht Tanja die bittere Erfahrung, daß sie eine einmal getroffene Entscheidung nicht allein durch eigenen Willen rückgängig machen kann, wenn andere – in diesem Fall ihre Mutter – sie auch weiterhin beim Wort nehmen. Dem

Wechselbad der Gefühle, dem sie in den vergangenen Jahren ausgesetzt war, kann sie sich nicht mehr durch Flucht an einen anderen Ort entziehen, sondern sie muß sich dort, wo sie ist, engagieren, um einen ihr angenehmen Platz in der Familie zu finden.

Neuer Lebensmut

Wo der Glaube ist,
da ist auch Lachen.
(Martin Luther)

Der Wecker klingelt. Die Mutter dreht sich noch einmal um, bevor sie einige Minuten später mühsam aus dem Bett steigt. Sie geht ins Badezimmer und betrachtet ihr graues, müdes Gesicht im Spiegel. ‚Wie mich dieses frühe Aufstehen anwidert‘, sagt sie zu ihrem Spiegelbild. Sie duscht sich und weckt dann ihre Töchter. Nach dem Frühstück verabschieden sich die 13jährige Chantal und die 10jährige Fatima von ihrer Mutter und gehen in die Schule. Kaum sind die zwei Mädchen aus der Tür hinaus, räumt die Mutter das Geschirr weg, spült ab und macht in Windeseile die Betten. Nachdem das Nötigste an Hausarbeit erledigt ist, sie sich zurechtgemacht und angezogen hat, verläßt auch sie das Haus.

„Können wir später in die Stadt gehen?" überfällt Fatima ihre Mutter, die gerade zur Tür hereinkommt. Je nach Stundenplan der Kinder nehmen sie manchmal das Mittagessen gemeinsam ein, manchmal wärmen sich die Mädchen das Essen auf und haben bereits gegessen, wenn die Mutter nach einem 6-Stunden-Tag von der Arbeit kommt. Und genau das ist an diesem

Tag der Fall. Die Mutter kann es an der Unordnung in der Küche sehen.

„Muß das unbedingt sein?" fragt die Mutter. „Warum möchtest du in die Stadt?"

„Ich brauche für Mathe einen Zirkel."

„Chantal kann dir doch ihren leihen."

„Der ist kaputt."

Die Mutter willigt unter der Voraussetzung ein, daß zuerst die Schulaufgaben und die Hausarbeit erledigt werden.

Fatima stimmt diesem Vorschlag zu und schickt sich an, ihre Hausaufgaben zu machen.

Am Abend ist die Mutter völlig geschafft. „Ich bin fix und fertig und würde am liebsten ins Bett gehen", sagt sie und kann ein Gähnen nicht unterdrücken.

„Ach, Muttchen", meint Chantal liebevoll. „Es ist doch noch so früh."

Ob früh oder nicht, berührt die Mutter wenig. Sie spürt, daß sie körperlich am Ende ist und nur einen einzigen Wunsch hat: Schlafen. Sogar das Fernsehen ist ihr zu viel. Erlebt sie eine Woche wie die letzte, in der Fatima krank war, versagen ihre Kräfte, und die täglichen Anforderungen werden ihr zur Qual. Da sie die Urlaubstage, die ihr im Krankheitsfall ihrer Kinder zustehen, bereits in Anspruch genommen hatte, blieb ihr nichts anderes übrig, als Fatima mit Fieber allein zu Hause zurückzulassen. Der Gedanke belastete ihr Gewissen. Es kostete sie enorme Mühe, ihren Kollegen freundlich gegenüberzutreten und sich auf die Arbeit zu konzentrieren. Als sie dann in Eile nach Hause fuhr, um so schnell wie möglich wieder bei ihrer Tochter zu sein, wurde sie unterwegs wegen erhöhter Geschwindigkeit auch noch geblitzt. In die-

sem Augenblick fiel es ihr schwer, an die Gerechtig-
keit im Leben zu glauben.

Am nächsten Tag geht Chantal auf ihre Mutter zu,
gibt ihr einen Kuß und drückt ihr etwas in die Hand.

„Ich hab dich lieb, Muttchen", sagt das Mädchen.

Gerührt schaut die Mutter in ihre Hand. „Das ist ja
ein Sorgenpüppchen", meint sie bewegt.

„Genau", sagt Chantal. „Erinnerst du dich?"

Natürlich kann sich die Mutter erinnern. Das Sorgenpüppchen hatte sie ihrer älteren Tochter vor einiger
Zeit ins Mäppchen gelegt, als Chantal sich in einem
Stadium befand, wo sie ständig von Selbstzweifeln geplagt wurde und Angst vor Klassenarbeiten hatte.
„Wenn du nicht mit mir über deinen Kummer reden
möchtest, vertraue es dem Sorgenpüppchen an", sagte
die Mutter damals. „Es wird dir geduldig zuhören und
dir für die Klassenarbeiten Mut zusprechen."

„Du bist ein Schatz", sagt die Mutter.

„Das Püppchen hat mir damals geholfen; nun brauche
ich es nicht mehr", meint Chantal. „Vielleicht kann es
jetzt dazu beitragen, daß du nicht mehr so müde bist."

Unter Tränen lächelnd bedankt sich die Mutter bei
Chantal. Die Fürsorge ihrer Tochter geht ihr durch und
durch.

„Ich habe auch eine Überraschung für dich", sagt Fatima. „Komm mit." Fatima nimmt ihre Mutter an die
Hand und führt sie ins Badezimmer.

„Ihr seid die allerbesten Kinder auf der Welt", sagt
die Mutter, als sie sieht, was sich Fatima für sie hat einfallen lassen.

„Erinnerst du dich?" fragt Fatima.

Natürlich kann sich die Mutter auch daran erinnern.
Es war noch gar nicht lange her, als Fatima in der ‚Nie-

mand-hat-mich-lieb-Phase' steckte. Die Mutter beteuerte, daß sie sowohl von Chantal als auch von ihr geliebt werde, aber Fatima wollte nicht so richtig daran glauben. „Du mußt dich selbst mögen, damit andere dich liebenswert finden", sagte die Mutter einst. Mit einem roten Lippenstift malte sie ein großes Herz auf den Badezimmerspiegel und versah es mit den Worten: *Ich mag mich.* Wochenlang schmückte das Herz den Spiegel, und dank dieser drei Worte fand Fatima aus der Krise.

„Wir wollen, daß es dir wieder gut geht", sagt Fatima. Durch ihre Kinder aufgemuntert, arbeiten sie gemeinsam an einem Plan, mit dessen Hilfe die Mutter wieder zu Kräften kommen soll. Sie vereinbaren, sich eine Spülmaschine anzuschaffen. Chantal erklärt sich freiwillig bereit, das Ein- und Ausräumen des Geschirrs zu übernehmen. Fatima bietet an, die Blumen zu gießen und sich um die täglichen Einkäufe wie Brot, Gemüse oder Milch zu kümmern. Kleine Schritte mit großer Wirkung.

„Ihr habt mir den Rücken gestärkt", sagt die Mutter. „Ich liebe euch."

Chantal, die kunstbegabteste in der Familie, malt ein Schild und hängt es an die Haustüre. Darauf steht: *Smile.* Lächelnd und dankbar, so wunderbare Kinder zu haben, verläßt die Mutter mit frischer Energie jeden Morgen das Haus.

Wie schöpft die Mutter neuen Lebensmut?

Der allmorgendliche Blick in den Spiegel ist für die Mutter von Chantal und Fatima niederschmetternd. In ihrem Spiegelbild kann sie ablesen, wie sehr ihre Kräfte durch Beruf, Erziehung und Haushalt verbraucht werden. Obwohl sie ihre Kinder über alles liebt und spürt, daß diese Zuneigung wechselseitig ist, droht die Mehrfachbelastung sie zu überfordern. Müdigkeit verdrängt ihre Fröhlichkeit und ihren Lebensmut.

In dieser Situation, die sie allein kaum mehr meistern kann, kommen ihr die Töchter zu Hilfe, die sich daran erinnern, wie ihre Mutter ihnen in ähnlichen Lagen, in denen ihr Selbstbewußtsein beschädigt war, geholfen hatte: Es waren nur kleine Gesten und wenige Worte gewesen, aber so voller Zuneigung, daß sie wieder Mut zu sich selbst gefaßt hatten. Nun, da sich die Situation umgekehrt hat, können sie die damals erfahrene Zuwendung in gleichem Maße zurückgeben.

Manchmal braucht es wenig, um einem Menschen seelisch wieder auf die Beine zu helfen, so wenig, daß es eigentlich jedem zuzumuten ist.

Zeter und Mordio

Ein gutes Gespräch ist ein Kompromiß
zwischen Reden und Zuhören.

(Ernst Jünger)

Der Vater sitzt an seinem Schreibtisch und ärgert sich, daß er sich auf seine Arbeit nicht konzentrieren kann. ‚Ein Teufelskreis', schimpft er und überlegt. Würde er seine 5jährige Tochter Bianca zu Hause lassen, könnte er in ihrer Anwesenheit nicht arbeiten und sein Pensum nicht schaffen. Bringt er Bianca in den Kindergarten, regt er sich über das bühnenreife Spektakel seiner Tochter auf, das sie dann jedesmal aufführt. ‚So kann es nicht weitergehen', murmelt er vor sich hin. Irgend etwas muß passieren, bevor er von Aggressionen übermannt wird. Dies will er unter allen Umständen vermeiden und ist fest entschlossen, Bianca wissen zu lassen, daß seine Arbeit keine Konkurrenz für sie darstellt.

Nach der Scheidung erstickte der Vater förmlich in dem Wust von Aufgaben, die sich aus Beruf und Erziehung ergaben. Die daraus entstehende Desorientierung ließ ihn verzweifeln. Er fühlte sich völlig überfordert, weil er mit der steigenden Doppelbelastung einfach nicht Schritt halten konnte.

Täglich hetzte er morgens ins Büro, nachdem er Bianca in der Kindertagesstätte abgeliefert hatte. Jeden Nachmittag holte er sie dort ab, fuhr mit ihr nach Hause, wo die Arbeit weiterging und er sich um Bianca kümmerte. Abends war er so erledigt, daß er zu nichts mehr imstande war. Da faßte er den Entschluß, mit seinem Vorgesetzten zu reden. Nach dem Gespräch, das positiv verlief, fragte sich der Vater, warum er so lange damit gewartet hatte, auf die Hilfe anderer zurückzugreifen. Er mußte sich eingestehen, daß er sich ohne Grund für seine Situation geschämt hatte.

Ein paar Wochen später wurde der neue Arbeitsplatz des Vaters eingeweiht. Sein Computer wurde über eine ISDN-Leitung mit dem Zentralrechner der Firma verbunden, was es dem Vater ermöglichte, seine Tätigkeit als Informatiker von zu Hause aus fortzuführen. Er spürte, daß sich das Chaos in seinem Leben langsam lichtete, er zunehmend ruhiger und motivierter wurde. Die neue Verbindung von Beruf und Erziehung war bald zur täglichen Routine geworden. Alles lief glatt, bis Bianca plötzlich auf den Computer und den ganzen Bürokram rasend eifersüchtig wurde. Je glücklicher der Vater war, daheim arbeiten zu können, desto mehr meinte Bianca, zu kurz zu kommen.

Das Mädchen entwickelte ihre eigene Strategie, um die Aufmerksamkeit ihres Vaters auf sich zu lenken. Von heute auf morgen sträubte sie sich, in den Kindergarten zu gehen, und bot allmorgendlich eine Vorstellung, die dem Vater gewaltig an die Nieren ging. Bianca zeigte sich sehr einfallsreich und war um keine Ausrede verlegen, wenn es darum ging, Gründe gegen ihr Erscheinen im Kindergarten anzuführen. Die Palette der Vorwände reichte von Kopfschmerzen über Bauch-

55

weh bis hin zur Übelkeit. Dennoch war sie damit nicht erfolgreich und wurde von ihrem Vater in den Kindergarten gebracht. Bianca fand es richtig gemein, daß der Vater von ihren schlimmen Schmerzen nichts wissen wollte und sie nicht ernst nahm. Aus diesem Grund revanchierte sich das Kind auf seine Art und schrie Zeter und Mordio, sobald sie von ihrem Vater im Kindergarten abgesetzt wurde.

„Wie war dein Tag?" begrüßt der Vater seine Tochter.

„Doof", entgegnet Bianca knapp. „Wo ist das Auto?"

„Das habe ich in der Garage gelassen. Wir laufen heute nach Hause", antwortet der Vater, der den Spaziergang benutzen möchte, um mit Bianca zu reden.

„Doof", sagt Bianca wieder.

„Weißt du, mein Schatz", beginnt der Vater. „Ich bin sehr traurig."

Bianca schaut ihren Vater an und versteht nicht. „Wieso?" fragt sie.

„Das Theater, das du täglich machst, wenn ich dich in den Kindergarten bringe, belastet mich sehr. Und ich verstehe es auch nicht", erklärt der Vater seiner Tochter. „Im Kindergarten kannst du mit deinen Freundinnen spielen, basteln oder malen. Zu Hause würde es dir doch schnell langweilig werden, weil ich arbeiten muß und mich dabei nicht um dich kümmern kann."

„Genau das ist es ja", ruft Bianca aus. „Du kümmerst dich nur um deine Arbeit, nicht um mich."

„Du bist nicht fair", ereifert sich der Vater. „Wenn du zu Hause bist, bin ich mit der Arbeit fertig und beschäftige mich nur mit dir. Sieh mal", fügt er hinzu, als er sich wieder etwas beruhigt hat. „Die Arbeit mache ich doch nicht nur zum Spaß. Wir wollen essen und trinken, in Urlaub fahren oder gemeinsam in den Zoo gehen. Irgendwie muß ich Geld verdienen, damit wir uns das leisten können. Und deswegen arbeite ich am Computer."

Wieder schaut Bianca ihren Vater erstaunt an. Aus diesem Blickwinkel hatte sie die Situation noch nie betrachtet. Plötzlich versteht das Mädchen.

„Möchtest du mir helfen?" fragt der Vater. „Mir gefällt es nämlich nicht, dich weinend im Kindergarten zurückzulassen. Das tut mir sehr weh. Mir wäre wohler, wenn wir uns fröhlich voneinander verabschieden. Dann hast du mehr vom Tag, und ich kann mich besser auf die Arbeit konzentrieren, weil ich weiß, daß es dir gut geht."

„Eigentlich ist Kindergarten gar nicht so doof", gibt Bianca reumütig zu, nachdem sie eine Zeitlang über die Erklärungen ihres Vaters nachgedacht hat.

„Du bist ein prima Mädchen", seufzt der Vater erleichtert. Hand in Hand gehen sie die letzten Schritte bis nach Hause weiter.

Wie findet der Vater den Weg aus der Sackgasse?

Bianca sieht in der beruflichen Arbeit ihres Vaters einen Rivalen, der ihr den Vater ‚stiehlt'. Sie fühlt sich vernachlässigt. Um die Aufmerksamkeit des Vaters auf sich zu lenken, gaukelt sie ihm Krankheiten vor. Zu Hause bleiben zu dürfen und nicht in den Kindergarten zu müssen, das ist ihr Ziel. Mit den fiktiven Wehwehchen möchte Bianca erreichen, daß sie von ihrem Vater intensiv gepflegt wird und er ihr uneingeschränkte Beachtung schenkt. Aber der Vater, der die Absicht seiner eingebildeten Kranken durchschaut, stellt sich stur. Bianca findet das konsequente Verhalten ihres Vaters herzlos und rebelliert, indem sie jedesmal bittere Tränen vergießt, wenn er sich im Kindergarten von ihr verabschiedet. Der Vater kann und will diesen Zustand nicht länger ertragen. In dieser Situation beschließt er, mit seiner Tochter ernsthaft zu reden, ihr begreiflich zu machen, daß er nicht zu seinem Vergnügen, sondern zu ihrer beider Wohlergehen arbeitet. Zudem verschweigt er nicht seine Gefühle, die Biancas tägliche Weigerung in ihm hervorrufen. Durch diese Offenheit ist Bianca sichtlich beeindruckt. Schließlich lenkt sie ein und verspricht, in Zukunft mit dem Gejammer aufzuhören, weil sie verstanden hat, daß die Arbeit des Vaters für beide nützlich und notwendig ist. Zudem spürt Bianca, daß die berufliche Tätigkeit kein Konkurrent ist, der ihr den Vater wegnimmt.

KOOPERATION & KOMPROMISSE

Fünf Minuten Traubenzucker

Ach, spricht sie, die größte Freud'
ist doch die Zufriedenheit.

(Wilhelm Busch)

„Natascha, Liebling, zieh dir bitte deine Schuhe an", fordert die Mutter ihre 5jährige Tochter auf.

„Hab' aber keine Lust", meint die junge Dame.

„Sei ein lieber Schatz, bitte. Ich möchte nur schnell in die Apotheke, bevor sie schließt."

„Und ich möchte nur schnell *Sesamstraße* fertig gukken, bevor sie schließt."

Nataschas Mutter wirft einen Blick in die Fernsehzeitschrift. Wenn sie sich nach Beendigung der Serie beeilen, würden sie es gerade noch vor Ladenschluß schaffen. Sie erlaubt ihrer Tochter, das Fernsehprogramm zu Ende zu schauen unter der Voraussetzung, daß sie sich danach sputet.

„Versprochen?" – „Versprochen!"

Als es soweit ist, schaltet das Mädchen den Fernseher aus und zieht sich in Windeseile Sandalen an. „Fertig", ruft sie, die Mutter mit ihren großen dunkelbraunen Kulleraugen artig anschauend.

„Du kannst doch bei diesem Wetter keine Sandalen anziehen", tadelt die Mutter. „Es regnet, und du bekommst nasse Füße."

61

„Es schifft?" fragt Natascha erstaunt. Die Mutter muß lachen. Das Wort hatte das Mädchen einst von ihr aufgeschnappt, ohne zu wissen, was es bedeutete. Nachdem es ihr die Mutter erklärt hatte, prägte sich Natascha das Wort ein. Seitdem sagt sie immer ‚schifft' statt ‚regnet'.

„In Strömen", antwortet die Mutter.

„Hab' aber keine Lust, in die *Podege* zu gehen."

„Ich muß aber in die Apotheke."

„Wenn es in Strömen schifft, mag ich lieber zu Hause bleiben."

Die Mutter überhört den Einwand und hilft ihrer Tochter, die Schuhe zu binden.

„Was ist das?" fragt Natascha die Apothekerin, die ihr ein paar bunt eingewickelte Süßigkeiten in die Hand drückt.

„Traubenzucker", antwortet sie freundlich.

„Ich mag lieber Bonbons", meint Natascha, die Traubenzucker nicht kennt.

Das Mädchen wird von ihrer Mutter gerügt, worauf Natascha die Traubenzucker verschämt in ihre Manteltasche steckt. Zu Hause nimmt Natascha ein warmes Bad und plätschert vergnügt mit ihren Enten im Wasser. Kurz vor dem Zubettgehen erinnert sie sich wieder an die Traubenzucker, holt die Süßigkeiten aus der Manteltasche und händigt sie ihrer Mutter aus.

„Du kannst ruhig probieren", meint die Mutter.

„Wie schmeckt das?"

„Lecker."

„Sicher?" Natascha ist mißtrauisch, wickelt eines aus dem Papier und steckt es langsam in den Mund.

„Und?" fragt die Mutter. „Was meinst du?"

Natascha lutscht andächtig. Anstatt ihrer Mutter eine Antwort zu geben, öffnet sie ein weiteres. Die anderen folgen auch sogleich. Ihr genießerisches Schweigen ersetzt die Antwort.

„Geh bitte schon ins Bett", sagt die Mutter. „Ich bin in fünf Minuten bei dir. Ich möchte noch schnell ein Telefonat erledigen, bevor ich dir eine Geschichte vorlese."

Am nächsten Tag scheint die Sonne. Natascha zieht ihre Sandalen an und bittet ihre Mutter, sich ihre Schuhe anzuziehen. Das Mädchen reagiert gereizt, weil ihre Mutter sie nicht begleiten möchte.

„Ich habe so doll Halsweh", behauptet Natascha. „Wir müssen ganz dringend in die *Podege*, um mir Tabletten zu kaufen."

Die Mutter begreift schnell. Es geht Natascha nur um die geschenkten Traubenzucker, denn von Halsweh kann nicht die Rede sein. Ihre Tochter ist putzmunter und kerngesund. Weil für den Nachmittag sowieso nichts geplant war, willigt sie in Nataschas Vorschlag ein, denn frische Luft könne beiden nicht schaden.

„Gib mir noch fünf Minuten", meint die Mutter. „Dann gehe ich mit dir."

Kurze Zeit später marschieren die zwei in Richtung Supermarkt. Natascha hört erst auf zu nörgeln, als sie in dem Laden eine reiche Auswahl an Traubenzucker entdeckt. Die Mutter steckt noch Obst und Milch in den Einkaufswagen. Als die Waren bezahlt sind, schnappt sich Natascha eine Packung Traubenzucker.

„Lecker", meint Natascha. „Ich habe gar kein Halsweh mehr."

Die Mutter nimmt ihre Tochter in den Arm und drückt sie liebevoll an sich. „Racker", sagt sie.

Ein paar Tage später fordert die Mutter ihre Tochter auf, sich ihre Schuhe anzuziehen.

„Gib mir noch fünf Minuten Traubenzucker", meint Natascha. „Dann gehe ich mit dir."

Lächelnd gibt die Mutter ihrer Tochter einen sanften Kuß.

„Schifft's?" fragt Natascha, um nicht wieder die falschen Schuhe anzuziehen.

Wie du mir – so ich dir?

Nataschas Mutter ist sehr streng erzogen worden und bekam als Kind nie die Gelegenheit, ihre Meinungen zu vertreten oder sie zu rechtfertigen. Immer mußte sie parieren und wehe, sie hat sich nicht gefügt. Sie erinnert sich, daß sie damals oft traurig war und unter den autoritären Regeln sehr gelitten hat. Schon früh hat sie sich vorgenommen, diese Erziehungsmethoden ihrer Eltern nicht bei ihrem eigenen Kind anzuwenden. Dies ist ein Grund, warum sie besonderen Wert auf Nataschas Zufriedenheit legt.

Nun will sie aber nicht ins Gegenteil verfallen, ihrer Tochter alles durchgehen lassen oder ihr sämtliche Wünsche erfüllen. Deshalb versucht sie, Natascha auch in jungen Jahren schon als Person ernst zu nehmen und mit ihr in einem Verhältnis wechselseitigen Respekts zu leben. Dabei hält sie sich an die alte, goldene Regel der Toleranz: Alles, was du willst, daß man dir tut, das tu dem anderen auch.

Natascha ist sicherlich noch zu jung, um den Sinn dieser Regel zu begreifen. Daß sie dennoch verstanden hat, um was es ihrer Mutter geht, zeigt ihr Verhalten: In spielerischer und neckischer Weise greift sie die Wünsche und Forderungen ihrer Mutter auf und formuliert im Gegenzug ihre eigenen. Diese Strategie funktioniert, weil beide bereit sind, auf Kompromisse einzugehen.

Ein Schnuller auf Reisen

*Es ist weniger schwierig, Probleme zu lösen,
als mit ihnen zu leben.*

(Pierre Teilhard de Chardin)

„Tschüß, Ulla", sagt der Vater. „Bis übermorgen."

„Tschüß", sagt Ulla, steigt aus dem Wagen und
drückt so lange auf die Klingel, bis ihre Mutter die Tür
öffnet.

„Hallo, Maus", sagt die Mutter und sieht die Tränen
ihrer Tochter. „Was ist los?"

„Kann ich meinen Schnulli haben? Bitte, bitte", fleht
Ulla. An etwas anderes kann sie im Moment nicht denken, nur an ihren Trostspender, den Schnuller. „Ich
höre dann auch ganz bestimmt auf zu weinen."

Mutter und Tochter hatten vor Wochen vereinbart,
daß es für Ulla an der Zeit ist, vom Schnuller loszukom-
men. Damit der Entzug nicht zu drastisch ist, einigten
sie sich darauf, den Schnuller zunächst tagsüber zu
meiden. Mit dieser Lösung hatte sich Ulla einverstanden erklärt und hält sich auch an die Abmachung, obwohl es ihr manchmal schwer fällt.

„Magst du mir nicht sagen, weshalb du so verstört
bist?" fragt die Mutter.

„Wenn du mir meinen Schnulli gibst, dann ja", er-
preßt Ulla ihre Mutter.

Anstatt Ulla den Schnuller zu geben, nimmt die Mutter ihre Tochter auf den Schoß und streichelt sanft ihre Haare. Als sich das Mädchen etwas beruhigt, erzählt sie, daß sie sich über ihren Vater geärgert hat.

„Warum?" fragt die Mutter.

„Er will mich nicht mit in den Urlaub nehmen", antwortet Ulla.

„Das kann ich mir nicht vorstellen", stellt die Mutter fest und fragt ihre Tochter, ob sie da nicht etwas falsch verstanden hat.

„Nein", beharrt Ulla. „Vati hat gesagt, daß ich nur mit in den Urlaub darf, wenn mein Schnuller zu Hause bleibt." Ullas Vater ist nämlich der Meinung, daß dieses ‚häßliche Ding', wie er den Schnuller nennt, das hübsche Gesicht eines angehenden Schulmädchens nicht schmückt.

Die Mutter lächelt. „Das heißt aber doch, daß du deinen Vater begleiten darfst."

„Ja schon", gibt Ulla kleinlaut zu. „Aber ohne Schnuller gehe ich nicht mit. Wie soll ich denn abends einschlafen? Ich kann doch nicht zwei Wochen lang wach bleiben."

„Weißt du, daß ich dich ganz doll lieb habe?" sagt die Mutter und rät ihrer Tochter, sich den Vorschlag ihres Vaters nochmals durch den Kopf gehen zu lassen. Bei näherer Überlegung findet sie selbst die Idee gar nicht so übel, denn durch das viele Neue, das Ulla im Urlaub erwartet, ist das Mädchen abgelenkt und würde vielleicht nicht so oft an ihren Schnuller denken. Vielleicht fiele es ihr in einer fremden Umgebung sogar leichter, auf den Schnuller ganz zu verzichten.

Am nächsten Tag machen Ulla und ihre Mutter in der Stadt noch die letzten Besorgungen für den Urlaub.

Vollbepackt marschieren die zwei durch die Einkaufs-
straße. Plötzlich bleibt Ulla stehen, weil sie einen Mann
entdeckt hat, der Luftballons an die vorbeigehenden
Kinder verteilt.

„Ich will auch einen Luftballon", meint Ulla.

„Du hast doch keine Hand mehr frei", sagt die Mutter.

„Wenn du mir eine Tüte abnimmst, habe ich eine
frei."

„Raffiniert", gesteht die Mutter. Ulla gibt ihrer Mutter
eine Tüte und springt zu dem Mann.

„Na, junges Fräulein, welchen darf ich dir geben?"
fragt der Mann höflich.

„Den gelben mit dem lachenden Gesicht, bitte", antwortet Ulla. Sie bedankt sich bei dem freundlichen
Mann, nimmt den Luftballon entgegen und läuft zurück
zur Mutter.

„Laß den Luftballon bloß nicht aus der Hand", empfiehlt die Mutter.

„Wieso?" fragt Ulla.

„Der ist mit Helium aufgepumpt und würde beim
Loslassen in den Himmel fliegen", antwortet die Mutter.

Ulla schlingt den Faden fest um ihre Finger, damit ja
kein Unglück passiert.

Als am Abend der Koffer gepackt ist, wird Ulla senti-
mental. „Ich glaube, ich bleibe doch lieber bei dir",
meint das Mädchen.

„Dein Vater wäre sehr betrübt, wenn er alleine fahren müßte", bemerkt die Mutter.

„Das schafft der schon."

„Und du schaffst es auch."

„Ich kann doch meinen Schnuller mitnehmen und
heimlich lutschen", erwägt Ulla.

„Damit würdest du alles nur hinausschieben, anstatt es abzuschließen", sagt die Mutter, die am Abend zuvor noch mit Ullas Vater, mit dem sie nach der Scheidung einen angenehmen Umgangston pflegt, darüber gesprochen hat. Während des Telefonats betonte der Vater, daß er sich um das Thema ,Schnuller' kümmern und auch Ullas Gejammer in Kauf nehmen werde. Die Bereitschaft des Vaters, freiwillig die Regie beim Problem des ,Abgewöhnens' zu übernehmen, gefällt der Mutter. Sie freut sich über das Entgegenkommen und schlägt sein Angebot nicht ab, denn so können sie gemeinsam an einem Strang ziehen. Mit der Rückendeckung des Vaters leistet die Mutter nun Vorarbeit, indem sie ihre Tochter überredet, den Schnuller zu Hause zu lassen.

Ulla überlegt.

„Wenn ich den Schnuller hier lasse, schmeißt du ihn dann weg?" fragt das Mädchen nach einer Weile.

„Wir können ihn in einer Schatulle aufbewahren, wenn du willst", schlägt die Mutter vor.

„Das ist ein doofer Vorschlag", meint Ulla und überlegt wieder. „Ich habe einen besseren."

Gespannt schaut die Mutter ihrer Tochter zu, wie sie den Schnuller an der Schnur des Luftballons festbindet, den sie am Tag zuvor bei der Ladeneröffnung geschenkt bekommen hat und der inzwischen an der Decke ihres Zimmers hängt. Alles ist ihr recht, wenn Ulla sich nur damit einverstanden erklärt, ohne Schnuller mit ihrem Vater in Urlaub zu fahren.

„So", sagt Ulla aus tiefstem Herzen, die nach all dem Hin und Her für sich eine Entscheidung getroffen hat: Sie will auf den Urlaub, der immer viel Spaß mit ihrem Vater bedeutet, nicht verzichten. Mit einem lachenden und einem weinenden Auge verabschiedet sie sich von ihrem langjährigem Trostspender. „Ich werde ein tapferes Mädchen sein und den Schnuller hier lassen."

„Du bist nicht nur tapfer", behauptet die Mutter. „Du bist eine wahre Heldin."

„Versprichst du mir etwas?"

„Was?"

„Bitte paß gut auf Lufti & Schnu auf."

„Lufti & Schnu", wiederholt die Mutter.

„Genau."

„Das mache ich sehr gerne."

„Versprichst du mir noch etwas?"

„Was?"

„Schreibst du mir eine Geschichte über Lufti & Schnu?"

Vor einem knappen Jahr war Ullas Hase Bobo gestorben. Weil das Mädchen sehr betrübt war, hatte die Mutter eine aufmunternde Kurzgeschichte über Bobo und ein Mädchen namens Ulla geschrieben, mit der sie ihre Tochter über den schmerzlichen Verlust hinwegtröstete.

„Mal sehen, ob mir etwas Nettes einfällt", meint die Mutter.

„Streng dich bitte an", bettelt Ulla.

Glücklich kehrt Ulla nach zwei Wochen zurück. Der Urlaub war herrlich, und das Einschlafen ohne Schnuller war gar nicht so schlimm, wie sie es sich vorgestellt hatte. Die vielen Eindrücke und Erlebnisse am Urlaubsort hatten Ulla so abgelenkt, daß sie ihren Schnuller kaum vermißte. Die Mutter ist selig und freut sich für ihre Tochter.

Am Abend ist auch Ulla zufrieden und strahlt, als ihr die Mutter ihre Geschichte ‚Ein Schnuller auf Reisen' schenkt.

„Danke, Mutti", sagt Ulla. „Liest du sie mir vor?"

„Na klar", antwortet die Mutter, und Ulla hört gespannt zu, wie Lufti und Schnu sich anfreunden und zusammen ihren Stammplatz an der Decke in Ullas Zimmer einnehmen, wo sie sich wohl fühlen. Doch eines Tages passiert etwas Schreckliches: Wegen eines Durchzuges in der Wohnung entschweben Lufti und Schnu durch das Zimmerfenster. Hoch in den Lüften begegnen sie einer kleinen Fee auf einer rosa Wolke, die ihnen einen Wunsch erfüllen möchte. Aber weil Lufti frech und unfreundlich zu ihr ist, werden die zwei Freunde von der kleinen Fee verzaubert. Sie stellt Lufti und Schnu eine Aufgabe, die sie bewältigen müssen, bevor sie ihren Wunsch äußern dürfen: Gemeinsam sollen sie eine Weltreise antreten, auf der sie verschiedenen Tieren begegnen und allen Gefahren, denen sie während ihrer Abenteuer ausgesetzt sind, entkommen.

„Das war richtig schön", sagt Ulla.

„Schlaf gut, mein Liebling."

Wie kommt Ulla vom Schnuller los?

Sechs Jahre ist der Schnuller Ullas tröstender Wegbegleiter. Das Mädchen kann sich nicht vorstellen, jemals ohne ihn auszukommen. Damit Ulla sich langsam an die Umstellung gewöhnt, schließen Mutter und Tochter einen Pakt: Der Schnuller ist tagsüber tabu und darf nur abends für das Einschlafen zu Hilfe genommen werden.

Damit ist jedoch nur ein erster Schritt getan, denn der zeitweilige Verzicht erlaubt Ulla, in ‚Notfällen' immer noch auf ihn zurückzugreifen. In dem Augenblick, wo sie den Schnuller endgültig preisgibt, besteht diese Zufluchtsmöglichkeit nicht mehr. Es ist nur zu verständlich, daß sich Ulla gegen diesen einschneidenden Schritt sträubt.

In dieser Situation kommt es der Mutter sehr gelegen, daß ihr Ex-Mann die Initiative ergreift und die Tochter zu einer Entscheidung nötigt. Sie soll selbst ihre Prioritäten setzen: Urlaub oder Schnuller.

Die Mutter ist erleichtert, den ‚Kampf' um das Abgewöhnen nicht allein führen zu müssen. Sie unterstützt daher den Vater bei seinem Vorhaben und verspricht gleichzeitig, Ulla mit einer tröstenden Geschichte über den kommenden Verlust hinwegzuhelfen. Mit dieser Hilfestellung fördert sie die Bereitschaft ihrer Tochter, vom Schnuller zu lassen, was diese aus freien Stücken so schnell nicht getan hätte.

Das kann ich nicht

Die Dinge sind nie so, wie sie sind.
Sie sind immer das, was man aus ihnen macht.
(Jean Anouilh)

„Hausaufgaben sind doof", brüllt der 10jährige Torsten aus voller Kehle. „Und außerdem weiß ich nicht, was ich da schreiben soll!"

Die Mutter schaltet das Bügeleisen aus und geht zu Torsten, der an seinem Schreibtisch sitzt und Löcher in die Luft starrt. Er soll eine Nacherzählung von dem Märchen *Jorinde und Joringel* der Gebrüder Grimm schreiben.

„Ich kann das nicht, Mama", sagt Torsten. „Viel lieber würde ich jetzt bügeln. Das ist nämlich nicht so doof wie Hausaufgaben machen."

Torstens Mutter muß schmunzeln. Sie kennt ihren Sohn, dem es am liebsten wäre, sie würde ihre Bügelarbeit einstellen, um ihm die Nacherzählung Wort für Wort ins Heft zu diktieren! So müßte er sich nicht anstrengen. Mit der Erfüllung dieses Wunsches wäre ihm jedoch überhaupt nicht geholfen, im Gegenteil. Zudem hat sie nach einem langen Arbeitstag keine Lust, bis in den Abend hinein zu bügeln. Torsten ist sehr unkonzentriert an diesem Nachmittag, und seine Mutter schlägt ihm vor, zunächst die Englischvokabeln abzuschreiben, bevor er sich erneut an die Nacherzählung wagt. Zähneknirschend holt Torsten sein Englischbuch, und die Mutter widmet sich wieder ihrer Wäsche.

Nach zehn Minuten steht Torsten neben seiner Mutter.

„Können wir jetzt einen lustigen Videofilm zusammen anschauen?" fragt Torsten.

Weil es an diesem Tag heftig regnet, kann er nicht mit seinen Freunden auf der Straße spielen oder Kickboard fahren. Torsten ist temperamentvoll und muß sich im Freien austoben. Er weiß genau, daß er nachmittags nicht ‚einfach nur so' fernsehen darf, bevor die Hausaufgaben nicht erledigt sind. Trotzdem versucht es Torsten, in der Hoffnung, seine Mutter würde weich werden und nachgeben.

„Hast du deine Nacherzählung denn schon geschrieben?" fragt die Mutter, obwohl sie sich seine Antwort schon denken kann.

„Nicht direkt", antwortet er. „Du mußt mir dabei helfen, weil ich das nicht alleine kann! Das hab' ich dir vorhin schon gesagt, vergessen?"

Torstens Mutter geht der Hausaufgaben-Zirkus langsam auf die Nerven, und sie spürt, wie angespannt sie ist. Natürlich kann ihr Sohn nichts dafür, daß sie in der letzten Nacht schlecht geschlafen hat, früh aufstehen mußte und jetzt erschöpft ist. Bevor sie daher unüberlegt reagiert und ihr Verhalten später bereut, handelt sie mit Torsten einen Kompromiß aus.

„Was hältst du von der Idee, mir die Geschichte vorzulesen?" fragt sie ihren Sohn, der immer noch neben ihr steht.

„Ja, aber …" meint Torsten.

„Nichts aber", kontert seine Mutter energisch. „Versuch es doch erst einmal, bevor du anfängst zu protestieren.

„Okay", erwidert Torsten kleinlaut.

Er liest der Mutter das Märchen von Jorinde und Joringel vor. Danach geht er in sein Zimmer und schreibt die Nacherzählung, ganz allein! Er kann es doch! Torsten ist mächtig stolz, denn seine Mutter lobt ihn. Seine Zusammenfassung der Geschichte gefällt ihr viel besser als das Original, sie ist nett geschrieben und beinhaltet jeden wichtigen Punkt.

Als die Mutter ihre Bügelwäsche verstaut und Torsten seinen Ranzen für den nächsten Tag gepackt hat, machen es sich Mutter und Sohn gemütlich und amüsieren sich bei dem lustigen Videofilm.

Warum erfüllt die Mutter Torstens Bedürfnis nicht?

Normalerweise hat Torsten keine Probleme mit den Schularbeiten. Aber an diesem Nachmittag hat er schlechte Laune. Da es regnet, besteht keine Aussicht für ihn, seiner Lieblingsbeschäftigung nachzugehen: mit seinen Freunden im Freien herumzutollen. Er möchte nicht allein sein, und so sucht er Zuflucht bei seiner Mutter. Sie soll ihm bei den Hausaufgaben helfen oder ihm wenigstens Gesellschaft leisten, während er sie erledigt.

Die Mutter versteht das Verhalten ihres Sohnes, hat aber selbst noch etwas zu tun, das sie nicht aufschieben will. Obwohl sie müde und abgespannt ist, möchte sie Torsten nicht einfach zurückweisen, denn sie weiß, daß sie ein solches Verhalten später bereuen würde. Gleichzeitig will sie sich nicht erweichen lassen, nicht ihre Bedürfnisse zurückstellen, um die ihres Sohnes zu erfüllen. Daher schlägt sie ihm einen Kompromiß vor: Er solle ihr zunächst die Geschichte vorlesen und dann die Nacherzählung allein schreiben. Als Torsten sich anschickt, auch gegen diesen Vorschlag zu protestieren, bleibt die Mutter hart und zeigt ihrem Sohn so die Grenzen ihrer Verhandlungsbereitschaft auf. Sie glaubt, ihm diesen Kompromiß zumuten zu können, und der Erfolg gibt ihr in diesem Fall recht. Nachdem Torsten sich einmal darauf eingelassen hat, fängt er Feuer und macht seine Hausaufgabe mit großem Eifer.

Wie werden müde Lebensgeister geweckt?

Gibt es schließlich eine bessere Form,
mit dem Leben fertig zu werden
als mit Liebe und Humor?

(Charles Dickens)

Erschöpft setzt sich der Vater ins Auto und startet den Motor. Nach anstrengenden Tagen freut er sich auf das bevorstehende Wochenende. Er hofft, daß für seinen 7jährigen Sohn Martin die Nacht nicht wieder um kurz nach sechs Uhr vorbei ist und ihm ein ‚Schmuse-Besuch' im Morgengrauen erspart bleibt. Er liebt seinen Sohn sehr, schmust auch gerne mit ihm, aber sein Verlangen, endlich wieder einmal ausschlafen zu können, ist so übermächtig, daß er dafür auch einmal auf die Zärtlichkeiten seines Sohnes verzichten würde. Im Gegensatz zu seinem Vater ist Martin kein Morgenmuffel, sondern putzmunter, sobald er die Augen öffnet. Martin versteht es nicht, daß man morgens so tranig wie sein Vater sein kann und alles im Zeitlupentempo erledigt, bis man richtig wach ist.

Wegen dauernder Differenzen kamen Martins Eltern schließlich zur Einsicht, daß der Traum von einer ‚heilen Familie' in ihrem Fall längst Geschichte war. Sie entschieden sich für die ‚Trennung im Guten', die Martin den Kontakt zu beiden Elternteilen garantierte. Da die Mutter wußte, wie sehr Martin an seinem Vater hing und wie sehr er darunter leiden würde, wenn er den Kontakt zu ihm auf die Wochenendbesuche beschränken müßte, erklärte sie sich schweren Herzens zum Auszug bereit. Die Eltern regelten das Besuchsrecht und vereinbarten, daß Martin alle vierzehn Tage von Freitag bis Sonntagabend bei seiner Mutter verbringen würde.

Mit dem Auszug der Mutter brach für Martin eine vertraute Welt auseinander. Obwohl sich die Eltern fair zueinander verhielten, hinterließ ihre Trennung bei ihrem Sohn tiefe Wunden. Das sichtbarste Zeichen, daß er mit der veränderten Familiensituation zunächst nicht fertig wurde, waren die Alpträume, die ihn Nacht für Nacht heimsuchten. In dieser Phase war das Einfühlungsvermögen des Vaters stark gefordert. Geduldig versuchte er dem Sohn ein ums andere Mal zu erklären, daß weder er noch seine Frau an der Trennung schuldig seien und daß sie auch weiterhin für Martin als Eltern, die ihn liebten, da seien, auch wenn sie nicht mehr als Paar zusammenlebten. Nur allmählich fand sich Martin mit der gegebenen Konstellation ab und gewöhnte sich an die neue Form der Zusammengehörigkeit.

Der Vater seinerseits wurde nach dem Auszug seiner Frau von heftigen Selbstzweifeln geplagt. Wochenlang haderte er mit sich und seiner Entscheidung, der Trennung zuzustimmen, die für ihn das Scheitern der einst so hoffnungsvollen gemeinsamen Lebensplanung bedeutete. Nach einer Phase tiefer Resignation fand er langsam seine alte Ausgeglichenheit wieder. Gemeinsam mit Martin gelang es ihm, ihr Leben unter den veränderten Bedingungen neu zu gestalten und sich Schritt für Schritt dem ersehnten Ziel zu nähern, das getrennte, aber einvernehmliche Familienleben akzeptieren zu können. Durch diese gemeinsame Anstrengung kamen sich Vater und Sohn noch näher.

Zusammen suchten sie für Martin eine Tagesmutter, bei der er nach der Schule aufgehoben war. An den Nachmittagen erledigte der Junge seine Hausaufgaben und spielte mit seinen Freunden, bis ihn sein Vater nach Büroschluß abholte. Schnell freundete sich Martin mit seiner gutherzigen Tagesmutter an. Der normale Tagesablauf bewirkte, daß die Erinnerung an die Vergangenheit nicht seine alltägliche Energie verbrauchte.

In Gedanken versunken fährt der Vater die Landstraße entlang, bis er nach 20 Minuten vor dem Haus steht und klingelt.

Freudestrahlend öffnet Martin die Tür. „Was unternehmen wir am Wochenende?" überfällt er seinen Vater.

„Ehrlich gesagt habe ich mir darüber noch nicht den Kopf zerbrochen", beichtet der Vater und bittet seinen Sohn, seine Sachen zusammenzusuchen, damit sie nach Hause fahren können. Unterwegs macht Martin einige Vorschläge, die ihm ein abwechslungsreiches Wochenende versprechen.

„Am liebsten würde ich in den Freizeitpark gehen und mit dir den Free-Fall-Tower runtersausen", meint Martin enthusiastisch.

„Dieses waghalsige Abenteuer mache ich unter keinen Umständen mit", entgegnet der Vater energisch. „Du weißt ganz genau, daß ich Höhenangst habe. Ich werde mich niemals in so ein monströses Gerät hineinsetzen."

„Drückeberger", sagt Martin pikiert. „Außerdem ist der Free-Fall harmlos und kein Monster."

„Für dich mag er harmlos sein, aber nicht für mich", erklärt der Vater. „Ich kann mir gut vorstellen, daß dich deine Mutter gerne begleiten wird, wenn sie wieder zurück ist. Du mußt dich eben noch drei Monate in Geduld üben." Martins Mutter ist im Auftrag ihrer Firma für ein Jahr nach Amerika gegangen, um ein spezielles Projekt mit ihren amerikanischen Kollegen fertigzustellen. „In Anbetracht des schönen Wetters lasse ich mich jedoch zu einem Besuch im Schwimmbad überreden."

„Wie langweilig", meint Martin und macht ein langes Gesicht.

Am nächsten Morgen schleicht sich Martin, wie gehabt, um kurz nach sechs Uhr zu seinem Vater ins Bett und überhäuft ihn mit liebevollen Küssen. „Lies mir bitte diese Geschichte vor", sagt Martin munter und hält ihm ein Buch unter die Nase.

„Ist dir entgangen, daß du zwischenzeitlich selbst lesen kannst?" fragt der Vater schläfrig und dreht sich demonstrativ auf die andere Seite. „Geh bitte wieder in dein Bett und schlaf noch ein paar Runden. Sei ein guter Junge. Bitte!"

„Ich kann nicht mehr schlafen", behauptet Martin, schmiegt sich an seinen Vater und startet einen erneuten Versuch, ihm das Buch in die Hand zu drücken. Sein sehnlichster Wunsch, auszuschlafen, ist für den Vater wieder nicht in Erfüllung gegangen. Freilich könnte er seinen vitalen Sohn zur Ruhe verdammen, aber es entspricht nicht seinem gutmütigem Naturell, sich in einem Befehlston die erhoffte Entspannung zu verschaffen. Statt dessen döst der Vater neben seinem Sohn und fleht, ihm möge irgend etwas einfallen, damit

Martin an den Wochenenden nicht mehr mit dem Gakkern der Hennen wach wird. Martins Vater hat einen strapaziösen Job, der stets volle Konzentration verlangt. Da die letzten Wochen und Monate, in denen Martin nicht zur Mutter konnte, sehr belastend waren, hat er ein dringendes Bedürfnis nach Schlaf, um seine müden Lebensgeister zu wecken.

Am darauffolgenden Freitag hat der Vater eine Eingebung, die ihn hoffen läßt. Gutgelaunt verläßt er das Büro. Als er Martin bei der Tagesmutter abholt, öffnet dieser seinem Vater die Tür und stellt ihm dieselbe Frage wie die Woche zuvor.

„Etwas, was dich begeistern wird", antwortet der Vater und lächelt seinen Sohn an.

„Saust du mit mir den Free-Fall-Tower hinunter?" fragt Martin scherzend.

„Richtig geraten", bestätigt der Vater.

Martin schaut ihn verwirrt an. „Gehe ich recht in der Annahme, daß du mich verschaukeln möchtest?"

„Das würde ich mir unter keinen Umständen erlauben. Aber der Free-Fall-Tower ist ganz erpicht, dich zu verschaukeln."

„Hast du dich gegen deine Höhenangst therapieren lassen, oder was ist plötzlich in dich gefahren?"

„Ich möchte dir einen Wunsch erfüllen, damit du mir auch einen Wunsch erfüllst. Teamwork nennt man das heutzutage."

„Man könnte es auch Erpressung nennen."

„Kooperation ist das angemessenere Wort."

„Was muß ich tun?"

„Mich samstags und sonntags ausschlafen lassen."

„Witzbold."

Der Vater erklärt seinem Sohn, daß es ihm mit seinem Wunsch wirklich ernst ist, um nicht irgendwann vor Übermüdung schlappzumachen. Martin erkennt die brenzlige Lage und hört seinem Vater aufmerksam zu.

Damit er zu seinem Schlaf kommt, ist der Vater der Meinung, daß sich Martin samstags und sonntags morgens selbständig machen kann. Wenn er Hunger oder Durst habe, solle sein Sohn sich in der Küche bedienen und es sich auf dem Sofa bequem machen. Zu Martins großer Überraschung erlaubt ihm sein Vater sogar, in dieser Zeit Fernsehen zu schauen.

„Geil", meint Martin begeistert.

„Es freut mich, daß du auf diesen Kompromiß eingehst und schon so selbständig bist", meint der Vater ehrlich.

„Keine Ursache", sagt Martin und klingt dabei sehr erwachsen.

„Um acht Uhr darfst du mich aufwecken. Und wenn du ganz großes Glück hast, bin ich wach genug, um dir eine Geschichte vorzulesen."

„Geil", meint Martin wieder.

Als Martin am nächsten Morgen wieder um kurz nach sechs Uhr wach ist, setzt er den Vorschlag seines Vaters in die Tat um. Auf dem Sofa sitzend zappt er mit Wonne von einem Kanal zum anderen und verharrt bei der Sendung, die ihm am besten zusagt.

„Hat mein Weckdienst etwa verschlafen?" fragt der Vater und gibt seinem Sohn einen Guten-Morgen-Kuß.

„Wieso?" fragt Martin irritiert. „Wieviel Uhr ist es denn?"

„Halb neun!"

„Uuups", meint Martin und kann nicht glauben, wie schnell die Zeit vergangen ist. „Tut mir echt leid."

Natürlich verzeiht der Vater seinem Sohn. Gutgelaunt, und vor allen Dingen ausgeschlafen, geht er ins Bad und bereitet sich mental auf das bevorstehende Abenteuer vor.

Auch an den folgenden Wochenenden hält sich Martin an die Vereinbarung. Er ist glücklich, daß die müden Lebensgeister seines Vaters mit Hilfe seiner Kompromißbereitschaft wieder geweckt wurden.

Wie schöpft Martins Vater neue Energie?

Bevor sich Martins Mutter aus beruflichen Gründen für ein Jahr nach Amerika verabschiedet, hat der Vater immerhin alle 14 Tage die Möglichkeit, sich an den Wochenenden, an denen Martin bei seiner Mutter ist, gründlich auszuschlafen. Durch die neue Konstellation bleibt ihm dieser ‚Luxus' jedoch versagt, und er verliert zunehmend an Energie.

Um sich zu regenerieren, handelt er mit seinem Sohn einen Kompromiß aus. Der Vater erklärt sich bereit, seine Höhenangst zu überwinden, und verspricht Martin, mit ihm den Free-Fall-Tower zu besteigen. Als Gegenleistung soll Martin auch seinen Wunsch, ihn ausschlafen zu lassen, respektieren. Martin bemerkt die Ernsthaftigkeit in den Worten des Vaters und willigt ein. Zu seiner Freude stellt er fest, daß ihm die anvertraute Selbständigkeit besser gefällt, als neben einem verschlafenen Vater zu liegen, der morgens so lebendig wie ein Faultier ist.

Die Kompromißlösung dient sowohl dem Vater als auch dem Sohn. Martin schöpft seine Freiheit in vollem Umfang aus und ergötzt sich an den Kindersendungen. Der Vater fühlt sich nach einem ausgiebigen Schlaf ausgeglichener und zeigt neuen Elan.

Kiss me, please

Große Gedanken
kommen aus dem Herzen.
(Vauvenargues)

„Darf ich bitte vorbei?" fragt Jessicas Mutter einen Mann, der ihr im Weg steht und sich wie angewurzelt von der Rolltreppe befördern läßt.

Im Zeitlupentempo dreht sich der Mann zur Mutter um. Er grinst sie süffisant an. „Sie müssen es aber verdammt *pressant* haben", meint der Mann überheblich. Er läßt sie spüren, daß er sich von der Hektik des Lebens nicht anstecken läßt und Eile für ihn ein Fremdwort ist.

Die Arroganz des Mannes stört die Mutter und macht sie noch gereizter, als sie ohnehin schon ist. „Sie haben den Nagel auf den Kopf getroffen", bemerkt Jessicas Mutter etwas sarkastisch. Sie fragt sich, was es den Fremden angeht, ob sie es eilig hat oder nicht. Dennoch sagt sie: „Ich möchte meine Tochter gerne pünktlich vom Kindergarten abholen, deswegen bitte ich Sie, Platz zu machen."

Schlagartig weicht das selbstgefällige Grinsen aus seinem Gesicht. „Wenn das so ist", meint der Mann und rückt einen Schritt auf die Seite.

„Danke", sagt die Mutter. Sie eilt zum Parkhaus und schaut auf die Uhr. Wenn alles gut geht, würde sie es gerade noch schaffen, rechtzeitig am Kindergarten zu sein. Während der Fahrt überlegt sie, warum die Nonchalance anderer sie so ärgert. Vielleicht ist ihre empfindliche Reaktion auf ihre eigene Anspannung zurückzuführen. Sie weiß selbst nicht, warum sie schlechte Laune hat und sich über alles und jeden aufregt, denn einen triftigen Grund dafür gibt es nicht. Warum ist ihr eher zum Heulen als zum Lachen zumute? Sie haßt diese depressiven Tage. Vielleicht sollte sie aber lieber den elenden Gemütszustand akzeptieren, anstatt sich deswegen Selbstvorwürfe zu machen. Schließlich ist sie kein Übermensch, der von A bis Z perfekt ist. Mißgelaunt zu sein, steht ihr doch genauso zu wie jedem anderen auch. Das würde ihr zumindest ihre beste Freundin sagen, bei der sie sich ohne Hemmungen ‚ausweinen' darf, wenn sie mal in Selbstmitleid badet oder in Weltuntergangsstimmung ist. Der Gedanke an ihre Freundin muntert sie etwas auf. Sie schätzt sich glücklich, eine verständnisvolle Freundin zu haben, an die sie sich wenden kann, egal in welcher Verfassung sie sich befindet. Bei ihr braucht sie sich nicht zu verstellen; sie muß nicht fröhlich sein, wenn ihr nicht danach ist. Bei ihr darf sie sein, wer sie ist, und wird trotz all ihrer Macken respektiert. Das ist ein schönes Gefühl.

Jessicas Mutter ist zügig vorangekommen und freut sich, es doch noch beizeiten geschafft zu haben. Nachdem sie den Wagen geparkt hat, schlendert sie zum Kindergarten. Sie spürt, daß sie etwas ruhiger geworden ist.

Ausgelassen hüpft die 4jährige Jessica die Stufen hinunter und übergibt ihrer wartenden Mutter die Bilder, die sie im Kindergarten gezeichnet hat.

„Hast du Laura dabei?" fragt Jessica erwartungsvoll.

„Nein, mein Schatz, habe ich leider nicht", antwortet die Mutter. Als sie im Wagen sitzen, bricht Jessica erst in Tränen aus. Dann verkriecht sie sich schmollend in ihrem Kindersitz.

Als Jessica von ihrer Mutter zu ihrem vierten Geburtstag vor wenigen Wochen eine Puppe geschenkt bekommen hatte, mußte sie Laura natürlich allen ihren Freundinnen im Kindergarten vorführen. Laura wurde von den anderen Mädchen aus Jessicas Gruppe herzlich aufgenommen. Alle wollten den süßen Blondschopf füttern, wickeln, ankleiden, hüten und beschützen. Da jedes Mädchen Anspruch auf Laura erhob, blieben Streitigkeiten nicht aus. Bei einem Zank zwischen den Mädchen passierte es dann, daß Laura einen Arm verlor und zum Puppendoktor gebracht werden mußte.

Zu Hause bricht Jessica ihr Schweigen. „Du hattest es fest versprochen", mault sie.

„Richtig", meint die Mutter. „Ich war vorhin auch beim Puppendoktor, aber Laura war noch nicht ganz fertig."

„Dann gehen wir eben jetzt und holen sie ab", schlägt Jessica vor.

„Jetzt kann ich nicht", entgegnet die Mutter. „Ich muß etwas übersetzen und heute noch verschicken."

Jessica war das Ergebnis einer kurzlebigen Affäre. Da ihr Vater bereits verheiratet war und die Vaterschaft nicht anerkennen wollte, verzichtete die Mutter freiwillig auf Rechtsstreit und Unterhaltszahlung. Vor Jessicas Geburt lebte sie mehrere Jahre im Ausland und beherrscht drei Sprachen in Wort und Schrift. Mit dieser

Fähigkeit, nebst Unterstützung und Beratung vom Arbeitsamt, war sie in der Lage gewesen, sich mit einem Übersetzungsbüro selbständig zu machen.

Obwohl ihr die Arbeit manchmal über den Kopf wächst, ist sie zufrieden, Arbeit und Privatleben unter einem Dach vereinen zu können. Seit Jessicas Eintritt in den Kindergarten konnte sie ihren festen Kundenstamm fast verdoppeln. Gewöhnlich arbeitet sie vormittags, während ihre Tochter im Kindergarten ist, oder abends, wenn diese schläft. Ausnahmen treten nur auf, wenn die Mutter mehrere termingebundene Aufträge parallel zu erledigen hat. In solchen Fällen bleibt es nicht aus, daß die Mutter zusätzlich nachmittags arbeitet.

Jessica fängt erneut zu weinen an. „Warum bist du so mies drauf?" heult sie.

Die Mutter nimmt ihre Tochter behutsam in den Arm und gibt ihr einen zärtlichen Kuß. „Stimmt", sagt die Mutter. „Heute morgen war ich mies drauf, weil ich mich über Lappalien aufgeregt habe. Aber jetzt bin ich wieder okay."

„Was sind *Palien*?" fragt Jessica.

Die Mutter lächelt ihre Tochter an. „Lappalien sind Kleinigkeiten, Belanglosigkeiten, über die ich mich eigentlich nicht aufregen sollte", erklärt sie und erzählt ihr von dem Mann auf der Rolltreppe.

„Aha", meint Jessica und lacht.

„Töricht von mir, ich weiß", gibt die Mutter zu und belehrt ihre Tochter über die Riten und Gebräuche in anderen Ländern. „In England zum Beispiel sagt man *Excuse me, please*, wenn man an jemandem vorbei möchte, oder *sorry*, wenn man jemanden unbeabsichtigt anrempelt."

„Aha", sagt Jessica wieder. „Und wann gehen wir Laura abholen?" Denn das liegt ihr in Wirklichkeit am Herzen und nicht, wie man in anderen Ländern miteinander umzugehen pflegt.

Mutter und Tochter einigen sich schließlich auf einen Kompromiß. Unter den gegebenen Umständen erlaubt die Mutter ihrer Tochter, sich eine Kindersendung im Fernsehen anzuschauen, während sie ihrer Arbeit nachgeht. Anschließend würden sie gemeinsam zur Post laufen und Jessicas Wunsch erfüllen, mit der U-Bahn in die Stadt zu fahren.

Da die Mutter nicht unter Zeitdruck steht, erregt sie sich auch nicht über die ältere Dame, die mitten auf der Rolltreppe steht und keinerlei Anstalten macht, auf die Seite zu gehen, als sie sich ihr nähern. Dieses Mal ist es Jessica, die sich über den Fußgängerstau regelrecht aufregt. Sie will nicht aufgehalten werden, sondern so schnell wie möglich zu Laura. Mit Bedacht gibt sie der Frau einen Stups. Die ältere Dame dreht sich zu Jessica um und lächelt sie freundlich an. *„Kiss me, please"*, sagt Jessica laut und deutlich. Mit diesem Satz erobert sie sofort das Herz der Dame. Jessicas Mutter kann sich ein Lachen nicht verkneifen und gibt ihrer Tochter einen spontanen, sehr liebevollen Kuß. Jessica hatte von ihrer Erzählung über die fremden Sitten und Gebräuche doch etwas aufgeschnappt, denkt die Mutter und findet die Wendung von ‚Excuse me, please' zu ‚Kiss me, please' äußerst sympathisch.

Gutgelaunt marschieren Mutter und Tochter zum Puppendoktor. Jessica wiegt glücklich ihre Laura im Arm. Der Tag ist gerettet.

Wie erzielen Jessica und ihre Mutter eine Einigung?

Jessicas Mutter ist es gelungen, sich mit einem Übersetzungsbüro selbständig zumachen. Aufgrund einer guten Zeiteinteilung findet sie trotz ihrer Arbeit normalerweise ausreichend Zeit, sich um ihre Tochter zu kümmern. Dennoch läßt es sich nicht vermeiden, daß sich gelegentlich Wünsche und Bedürfnisse kreuzen.

So auch, als die Mutter noch eine Übersetzung beenden will, die Tochter aber darauf drängt, zum Puppendoktor zu gehen. Dieser Konflikt wird durch einen Kompromiß beigelegt, indem von beiden Seiten Zugeständnisse gemacht werden: Obwohl Jessica enttäuscht ist, ihre Puppe nicht sofort abholen zu können, verzichtet sie auf die unmittelbare Erfüllung ihres Wunsches. Sie merkt nicht nur, daß die Arbeit ihrer Mutter wichtig ist, sondern kann um so eher einwilligen, als auch die Mutter ihr entgegenkommt. Diese verzichtet ihrerseits darauf, sich zu Hause ein wenig auszuruhen, und nimmt es auf sich, nach beendeter Übersetzung noch einmal mit der Tochter in die Stadt zu fahren, um die Puppe zu holen.

Pikachu – der Retter in der Not

Nicht für die Schule,
sondern für das Leben lernen wir.
(Seneca)

Ächzend richtet sich Bodo auf und wirft sein Schulbuch mit voller Wucht auf den Boden. „Uff, die Hausis waren heute anstrengend", murmelt der Achtjährige. Er erschrickt, als sein Vater unvermutet vor ihm steht.

„Hatte ich dich nicht schon mehrere Male gebeten, mit deinen Schulsachen achtsamer umzugehen?" fragt der Vater, dem das Gepolter nicht entgangen ist. Es ist eine Marotte von Bodo, nach Beendigung der Hausaufgaben mindestens eines seiner Schulbücher demonstrativ auf den Boden zu knallen. Das ist Bodos Art, seinem Frust Luft zu machen, denn Hausaufgaben sind seiner Meinung nach völlig unnötig und die reinste Zeitvergeudung. Daher erledigt er sie auch nur mit großem Widerwillen. Wird Bodo jedoch von seinem Vater ertappt und wegen seiner Sorglosigkeit getadelt, regt sich sein Gewissen.

Verlegen schaut Bodo seinen Vater an, hebt das Buch auf und läßt es in einer Schreibtischschublade verschwinden.

„Darf ich jetzt auf den Basketballplatz?" fragt Bodo voller Erwartung. „Wir wollten uns dort treffen."

„Wer ist wir?" fragt der Vater.

„Alle Jungen aus meiner Klasse", antwortet Bodo.

Da Bodo am nächsten Tag eine Mathematik-Arbeit schreiben muß und er, nach Ermessen seines Vaters, erst lernen sollte, bevor er an sein Vergnügen denkt, bricht eine heftige Diskussion aus. Widerstrebend fügt sich Bodo und willigt ein, sich der vom Vater gestellten Textaufgabe anzunehmen. Seine Bereitschaft ist dabei eigennützig, weil er nicht noch mehr seiner wertvollen Zeit mit müßigem Wortgeplänkel verschwenden möchte. Bodo will das Lernen so schnell wie möglich hinter sich bringen, um seinen Freunden Gesellschaft leisten zu können. Hastig liest er die Aufgabe: *Herr Müller macht eine viertägige Radtour, die insgesamt 492 km lang ist. Am ersten Tag legt er 148 km zurück, am zweiten Tag fährt er 117 km und am vierten Tag 94 km. Wie viele km fährt er am dritten Tag seiner Radtour?*

Er fängt sofort zu rechnen an, bricht aber kurz darauf ab. „Textaufgaben sind der größte Schrott und viel zu kompliziert", behauptet Bodo aufgebracht. „Ich blick' bei dem Mist nicht durch."

Verbittert wirft er seinen Füller in die Ecke. Der Vater spürt, daß Bodos Gedanken überall sind, nur nicht bei den Textaufgaben, und erlaubt ihm, auf den Basketballplatz zu ziehen.

„Wenn du wiederkommst, wird aber noch ein wenig gelernt, damit du für die Klassenarbeit fit bist", stellt der Vater zur Bedingung und hofft, daß Bodo mehr Denkvermögen zeigt, nachdem er sich ausgetobt hat.

„Von mir aus", erwidert Bodo gelangweilt.

„Vielleicht hat dein Kamerad nachher Lust, ein paar Aufgaben mit dir zu lösen?"

„Welchen Kameraden meinst du?"

„Pikachu."

„Du kannst ihn ja mal fragen, ob er auf langweilige Textaufgaben abfährt", gibt Bodo seinem Vater zu bedenken. „Ich kann's mir zwar nicht vorstellen, aber wenn er möchte, kann er gerne mitrechnen."

„Viel Spaß mit deinen Freunden", wünscht der Vater. Der Junge schnappt sich einen Ball und rennt davon.

Bodos Vater versucht immer wieder seinen Sohn zu überreden, zuerst zu lernen, bevor er mit seinen Freunden spielt. Doch entweder prallt dieser gutgemeinte Vorschlag völlig an ihm ab, oder er führt zu einem Disput. Bodo denkt eben anders und hat seine ganz eigenen Vorstellungen. Dem Vater ist wohl bewußt, daß sein Sohn unter Zwang keine Leistungen vollbringt. Daher wird er immer wieder ‚weich‘. Es liegt ihm nicht, zu drohen oder Bodo mit Sätzen wie ‚wenn du dies nicht machst, dann darfst du auch das andere nicht tun‘ zu unterdrücken. Daß andere Eltern zu diesen Erziehungsmethoden greifen, ist für ihn kein Maßstab. Er vertritt die Meinung, daß jedes Kind ein Individuum ist, das eine eigens zugeschnittene Erziehung verdient. Nach diesem Grundsatz pflegt er mit seinem Sohn umzugehen und grämt sich nicht, wenn er hin und wieder zu nachgiebig ist.

Als Bodo draußen ist, setzt sich der Vater an seinen Schreibtisch. Er möchte einen passablen Weg finden, um Bodo die Textaufgaben verständlich zu machen. Grübelnd schaltet er seinen Computer an. Nach einer Weile schaut er zufrieden auf das, was ihm eingefallen ist, und vertraut darauf, daß es Bodo anhand dieser Beispiele leichter fallen wird, die Textaufgaben zu lösen.

„Nun aber ab in die Dusche", sagt der Vater, als Bodo nach zwei Stunden schweißgebadet vor der Türe steht.

91

Bereitwillig folgt Bodo seinem Vater und pfeift fröhlich vor sich hin, während das warme Wasser auf seinen Körper rieselt.

„Hast du vor, zur Wasserknappheit beizutragen, oder gedenkst du heute noch aus dieser Dusche zu steigen?" fragt der Vater frotzelnd, weil Bodo keinerlei Anstalten macht, seine Schönheitspflege zu beenden.

„Ich muß nur noch meine Haare waschen, und schon bin ich fertig", behauptet Bodo.

Nach der Erfrischung händigt der Vater seinem Sohn ein Blatt Papier aus. Bevor sich Bodo über die Aufgaben hermacht, erklärt ihm der Vater, was bei Textaufgaben vorrangig zu beachten ist. Er bittet ihn, sich diese sehr genau und langsam durchzulesen, bevor er unüberlegt zu rechnen beginnt. Gegebenenfalls sei sogar ein zweites Durchlesen erforderlich, um den Sinn der Aufgabe zu verstehen.

„Oh, Mann", stöhnt Bodo, als er das vollgeschriebene Blatt vor sich sieht. „Und das soll ich etwa alles ausrechnen?"

„Mit Pikachus Hilfe wirst du keine Schwierigkeiten haben, die Textaufgaben zu lösen", meint der Vater ruhig und setzt den lieben Kumpel neben Bodo auf den Tisch. „Pikachu wird ohne Zweifel von deinen Leistungen sehr beeindruckt und unheimlich stolz sein, einen so klugen Freund wie dich zu haben." Bodo lächelt Pikachu zu, nimmt einen Bleistift zur Hand und fängt an zu lesen:

Glumanda hat von seinem Freund Bisasam 300,– € geschenkt bekommen. Die Hälfte des Geldes spendet er Pokétrainern, damit sie sich ganz viele Pokébälle kaufen können, um scharenweise Pokémon zu fangen. Vom an-

deren Geld kauft er für Schiggy eine neue Sonnenbrille zu 64,– € und Äpfel für Pikachu für 18,– €. Wieviel Geld hat Glumanda noch übrig?

Benjamin Blümchen hat Hunger, und weil ihm sein Freund Otto nichts mehr zu futtern gibt, geht er in die Stadt. Benjamin Blümchen kauft sich einen großen Hamburger für 1,80 €, ein Stück Sahnetorte für 1,40 € und 4 Zuckerstückchen zu je 35 Cent. Wieviel muß er bezahlen?

Asterix & Obelix erobern Rom und kaufen sich 5 Ansichtskarten zu je 30 Cent und für jeden ein Eis. Sie bezahlen mit einem 5-Euro-Schein und bekommen 2,30 € zurück. Wieviel kostete das Eis, das sich Asterix & Obelix in der Hitze Roms schmecken lassen?

„Das hat vielleicht Spaß gemacht", gibt Bodo zu.

Der Vater schaut sich Bodos Rechnungen an und staunt nicht schlecht, daß er keinen einzigen Rechenfehler gemacht hat. Zur Belohnung bekommt Bodo von Pikachu verdienten Beifall.

Der Vater empfiehlt seinem Sohn, bei den Textaufgaben aus Herrn Müller entweder Pikachu oder Benjamin Blümchen oder Asterix & Obelix zu machen, um bei der Klassenarbeit die gleichen meisterhaften Ergebnisse zu erreichen. Bodo ist von der Idee seines Vaters entzückt.

„Du schaffst das morgen", ermuntert der Vater seinen Sohn. „Glaube an dich und deine Fähigkeiten. Dies ist das Allerwichtigste."

Am nächsten Morgen wird Bodo von Pikachu geweckt. Bodo strahlt und drückt seinen kleinen gelben Freund ganz fest an sich.

„Pikachu will heute dein Maskottchen sein und dich

in die Schule begleiten, um dir für die Mathe-Arbeit die Daumen zu drücken."

„Spitze", meint Bodo und steigt fröhlich aus dem Bett.

Wieso fällt für Bodo erst bei ‚Pikachu' der Groschen?

Bodo haßt es, Hausaufgaben zu machen; viel lieber würde er mit seinen Kameraden spielen. Deshalb beugt er sich nur widerwillig der Verpflichtung, zu Hause für die Schule zu lernen. Der Vater, dem dieses Verhalten natürlich nicht entgeht, möchte seinem Sohn helfen, die Schulaufgaben zügig zu erledigen.

Aber Bodo ist mit guten Argumenten nicht zu überzeugen. Überdies muß der Vater sich eingestehen, daß in seinem Herzen zwei Prinzipien miteinander streiten: Zum einen vertritt er den Standpunkt, daß zuerst die Arbeit und dann das Vergnügen kommt. Gleichzeitig widerspricht es zutiefst seinen Erziehungsvorstellungen, Bodo zu zwingen oder mit Hilfe von Verboten zu erpressen.

In dieser Situation der Ratlosigkeit versucht der Vater, Bodos Widerwillen zu ergründen. Er erkennt, daß die größte Schwierigkeit darin liegt, daß sein Sohn nicht bei der Sache ist, weil er in den spezifischen Hausaufgaben keinen Sinn sieht und sie mit seinen Lebenserfahrungen nicht verbinden kann. So verfällt der Vater auf die Idee, die Mathematik-Aufgaben anschaulicher zu gestalten, indem er sie mit Figuren bestückt, die seinem Sohn vertraut sind. Damit werden die Aufgaben für Bodo nicht nur verständlich, sondern er merkt, daß das Lernen für die Schule Spaß machen kann. Jetzt ist er auch bereit, weitergehende Ratschläge seines Vaters, wie man an mathematische Probleme herangeht, aufzunehmen.

REPORTAGEN
REPORTAGEN

Schmerz an der Grenze des Erträglichen

Milde erreicht mehr als Heftigkeit.
(August Heinrich Julius Lafontaine)

Meine Eltern hatten nach der Scheidung vereinbart, daß ich einmal im Monat einen Sonntag bei meinem Vater verbringe. Flexibler konnte das Besuchsrecht nicht geregelt werden, da mein Vater als engagierter Journalist Artikel für eine Tageszeitung schreibt, so daß er auch an Sonn- und Feiertagen arbeiten muß.

Einmal im Jahr wurde von der festgelegten Besuchsregel abgewichen. Nämlich dann, wenn meine Mutter mit ihren Freundinnen ein Wochenende verreiste. In dieser Zeit wurde ich bei meinem Vater untergebracht. Diese Wochenenden vergingen ohne größere Vorkommnisse, bis der Vorfall, der sich mir eingeprägt hat, das Verhältnis zu meinem Vater vollständig veränderte. Es war ein Wochenende, das ich wohl nie vergessen werde. Damals war ich elf Jahre.

An einem Freitagnachmittag fuhr mich meine Mutter zu meinem Vater. Ausnahmsweise mußte er nicht arbeiten, ging aber dennoch am nächsten Tag in die Redaktion. Während seiner Abwesenheit trödelte ich herum, und am Abend lud er mich zum Essen ein. Wieder daheim, schickte er mich ins Bett, um sich in Ruhe eine

Sportsendung im Fernsehen anzuschauen. Wieder einmal wollte er nicht mit mir reden, wieder einmal wollte er nur seine Ruhe haben.

In der Nacht wachte ich auf. Mir war furchtbar unwohl. Ich eilte ins Badezimmer und übergab mich. Tapfer kroch ich wieder ins Bett. Zunächst machte ich mir keine Gedanken, weil ich vermutete, daß das Essen im Restaurant Auslöser der Übelkeit war. Als ich mich jedoch in zehnminütigen Abständen immer wieder übergeben mußte und kalter Schweiß auf meiner Stirn stand, bekam ich es mit der Angst zu tun. Ich lief zu meinem Vater und weckte ihn. Er war von meiner nächtlichen Visite gar nicht erfreut. Verschlafen schaute er mich an und forderte mich unfreundlich auf, wieder in mein Zimmer zu gehen. Bedrückt gehorchte ich.

Von Stunde zu Stunde ging es mir schlechter, und das Brechen wollte kein Ende nehmen. Da ich sehr geschwächt war und den Weg vom Bett ins Badezimmer nur noch mit großer Mühe schaffte, rief ich meinen Vater und bat ihn, einen Arzt zu holen.

„Stell dich nicht so an", kanzelte er mich ab. „Du mußt nur schlafen, dann sieht die Welt gleich wieder anders aus. Wegen dem bißchen Spucken brauchst du nicht den Teufel an die Wand zu malen und gleich nach einem Arzt zu verlangen." Bittere Tränen liefen mir über die Wangen; sein mitleidloses Verhalten enttäuschte mich. Ich stellte mir die Frage, warum er nicht wahrhaben wollte, daß ich wirklich kein Theater machte. Eine Antwort darauf fand ich in dem Moment nicht. Über der Idee, selbst einen Arzt anzurufen, fiel ich in einen unruhigen Schlaf.

Wie ein Häufchen Elend saß ich am Sonntagmorgen am Frühstückstisch. Allein beim Anblick der Spiegeleier, die mein Vater zubereitet hatte, drehte es mir den

Magen um. Ich konnte keinen Bissen herunter bekommen, konnte auch nichts trinken.

„Jetzt gebe ich mir die Mühe, ein leckeres Frühstück zuzubereiten, und was macht mein Fräulein Tochter? Sie läßt es stehen", schnaufte mein Vater verächtlich. Geflissentlich übersah er, daß ich bleich wie Wachs war. Ich mußte mich zwar nicht mehr übergeben, hatte aber stechende Bauchschmerzen, was ich meinem Vater gar nicht sagte, weil er es mir sowieso nicht geglaubt hätte. Ich wußte ja, daß mich meine Mutter bald abholen und sich um mich kümmern würde. Das war ein Trost. Nach dieser unerfreulichen Begegnung legte ich mich wieder hin. Schlafen konnte ich aber nicht. Stunden später hörte ich die Klingel und war unheimlich erleichtert. Endlich war meine Mutter da.

Als sie mich sah, erschrak sie und griff sofort zum Telefon. Der Notarzt diagnostizierte eine Blinddarmentzündung und ließ mich mit Blaulicht ins Krankenhaus fahren, wo ich umgehend operiert wurde. Der behandelnde Arzt meinte, daß ich großes Glück gehabt hätte. Wäre ich später ins Krankenhaus eingeliefert worden, hätte das Ende nicht so gut ausgesehen, denn mein Blinddarm war kurz vor dem Durchbruch.

Niedergeschlagen kam mich mein Vater im Krankenhaus besuchen und entschuldigte sich für sein Verhalten. Er sei davon ausgegangen, ich hätte nur eine Magenverstimmung gehabt und dem ‚bißchen Spukken' zuviel Gewicht beigemessen. Er gestand, zuwenig Erfahrung mit Krankheiten zu haben, so daß er sich in diesem Moment absolut überfordert gefühlt und die Situation nicht richtig eingeschätzt habe. Auf die Frage, warum er meiner Bitte, einen Arzt zu rufen, nicht nachgekommen sei, antwortete er das gleiche.

Daß sich mein Vater bei mir entschuldigte, fand ich gut, nicht aber, daß er mich seinerzeit nicht ernst genommen hatte. Dies sagte ich ihm auch. Und weil ich gerade in Schwung war, schüttete ich mein Herz aus und kritisierte seine negativen Seiten. Es war meine Ehrlichkeit, die unsere Beziehung wieder ins Lot brachte. Meine Kritik machte ihn nachdenklich. Schließlich sah er ein, daß er in der Vergangenheit vieles falsch gemacht hatte und gab zu, mich vernachlässigt zu haben. Er versprach, sein Verhalten zu ändern. Zumindest versuchen wollte er es.

Es dauerte eine ganze Weile, bis ich meinem Vater wieder Vertrauen schenken konnte. Als ich merkte, daß er sein Versprechen in die Tat umsetzte, mir zuhörte und mich ernst nahm, kam ich ihm entgegen. Seine Bemühungen zeigten mir, daß ich ihm nicht gleichgültig bin.

Vielleicht war mein vereiterter Blinddarm ein Wink des Schicksals, der mich und meinen Vater nach vielen offenen Gesprächen einander wieder näher brachte. Zwar habe ich einige Zeit dazu gebraucht, aber heute sehe ich es so. Das Geschehene aus dieser Perspektive zu betrachten, tut mir gut. Ich verzeihe meinem Vater. Den Vorfall vergessen werde ich aber nie.

(Clara, 15 Jahre)

Wut im Bauch

Ehe man anfängt, seine Feinde zu lieben,
sollte man seine Freunde besser behandeln.
(Mark Twain)

Ich erinnere mich an ein Ereignis, das für das Verhältnis zwischen mir und meiner Mutter charakteristisch ist.

Wütend schmetterte ich einmal die Zimmertür zu. Meine Mutter, der das Knallen natürlich nicht entgangen war, kam zu mir und fragte mich, von welcher Tarantel ich gestochen worden sei, derartig Radau zu machen. Ich antwortete, daß mich mein Bruder mal wieder zur Weißglut gebracht hatte. Meine Mutter kannte diese Auseinandersetzungen und machte daher kein großes Aufsehen davon. Sie wußte, daß wir uns zuletzt wieder versöhnen. Egal, worüber wir gestritten haben. Meine Mutter ist sehr tolerant und zeigt viel Verständnis für meine Kapriolen, auch für mein lebhaftes Temperament, das ich ab und zu nicht im Zaum halten kann. Daher bat sie mich lediglich, die Tür beim nächsten Wutanfall nicht so heftig zuzuschlagen. Anstatt mich zurechtzuweisen, holte sie ihren Ordner, in dem sie die von ihr verfaßten Kurzgeschichten aufbewahrte, las mir eine vor, und ich hörte aufmerksam zu:

Der 5jährige Kevin sitzt am Mittagstisch und stochert lustlos im Essen.

„Hast du keinen Hunger?" fragt Kevins Mutter fürsorglich. „Oder gibt es einen anderen Grund?"

„Das Essen schmeckt Scheiße", antwortet der Junge voller Zorn. Wutentbrannt steht er auf, stößt den Stuhl beiseite und verzieht sich trampelnd in sein Zimmer.

Die Mutter spürt, daß mit ihrem Sohn etwas nicht stimmt. Wahrscheinlich hat sich Kevin im Kindergarten geärgert, daher gönnt sie ihm erst einmal Zeit, allein zu sein. Später würde sie mit ihm reden und ihn fragen, was vorgefallen ist.

Kevin öffnet die Tür seines Zimmers und stolpert über einen Ball, der im Weg liegt. Unter normalen Umständen hätte er den Ball gedankenlos beiseite geräumt. Aber Kevin befindet sich nicht in einem normalen Zustand und rastet aus. Er schnappt den Ball und wirft ihn heftig gegen ein Regal. Die Wucht des Wurfes zerschmettert seine Feuerwehr-Legostation, die er zum Geburtstag geschenkt bekommen und mit seiner Mutter mühevoll aufgebaut hat. Erbittert und verzweifelt starrt er stumm auf die vielen bunten Legosteine, bevor er zu schreien beginnt.

Als die Mutter das Getöse im Kinderzimmer hört, eilt sie zu Kevin. „Was um alles in der Welt ist geschehen, daß du wie eine Sirene heulst?" fragt die Mutter. Sie nimmt ihren Sohn in den Arm und streichelt ihm zärtlich den Kopf, in der Hoffnung, er würde sich dadurch etwas beruhigen. Diese Methode funktionierte in der Vergangenheit immer, wenn Kevin Kummer hatte oder aufgebracht war. Doch diesmal wehrt sich Kevin vehement und strampelt sich von der Mutter los. Er kickt die Legosteine von sich und fängt an zu schluchzen.

Kevin ist aggressiv.

Es dauert eine Weile, dann nähert sich Kevin zwischen Wut und Tränen langsam seiner Mutter und setzt sich auf ihren Schoß. Geduldig schweigend streichelt sie ihn, bis er nach einer Weile mit der Sprache herausrückt.

Kevin hatte sich im Kindergarten mit seinem gleichaltrigen Freund Christian gestritten. Christian behauptete nämlich, daß es keine weiblichen Busfahrer gebe, weil Frauen zum Busfahren zu doof seien. Kevin dagegen war felsenfest davon überzeugt, schon einmal in einem Bus gefahren zu sein, der von einer Frau gesteuert wurde. Das wollte ihm Christian aber nicht glauben, und deswegen hatte Kevin eine enorme Wut im Bauch. Die zwei stritten sich heftig; beide waren unnachgiebig und steigerten sich in die Sache hinein. Schließlich mußte die Erzieherin eingreifen, weil die Jungen handgreiflich wurden.

Sie versuchte, den Streit zu schlichten, indem sie sich zunächst aufmerksam die Meinungen der Kinder anhörte. Trotz ihrer Bitte, sich wieder zu vertragen, beharrten Kevin und Christian auf ihren Positionen und dachten nicht im Traum daran, Frieden zu schließen. Wohlwissend, daß zornige Kinder nur ein eingeschränktes Wahrnehmungsvermögen haben, verzichtete die Erzieherin, eine Einigung herbeizuzwingen, und trennte die beiden Streithähne voneinander. Allein würden sie sich schon abregen.

Nachdem Kevin sich in den Armen seiner Mutter langsam beruhigt hat, sagt er, daß er nie mehr mit Christian spielen wolle.

Ich mußte schmunzeln, denn Christian ist heute mein bester Freund. An den Vorfall im Kindergarten kann ich mich nur noch vage erinnern.

Als meine Mutter anfing, mir die Geschichte vorzulesen fragte ich mich zuerst, was das Ganze soll. Danach fiel bei mir der Groschen. ‚Durch die Blume' wollte sie mir sagen, daß ich mich schon früher aggressiv verhielt und daß jede Wut vergeht. So wie mit Christian.

Mit meinem Bruder habe ich mich, bis zum nächsten Streit, natürlich auch wieder vertragen.

Es ist großartig, wie meine Mutter auf meine ‚Aussetzer' reagiert. Ich schätze es sehr, daß sie mich nicht unter Druck setzt und von mir verlangt, ich solle meinen Charakter ändern, um weniger aggressiv zu sein. Ich bin ja auch nicht immer aggressiv. Nur ab und zu. Und diese gelegentlichen Ausbrüche toleriert sie.

(Kevin, 13 Jahre)

Sprechstunde

Zeit haben heißt wissen,
wofür man Zeit haben will und wofür nicht.

(Emil Oesch)

Jeden Abend bin ich sehr müde, gehe anstandslos ins Bett und schlafe sofort ein. Das war nicht immer so.

Wenn sich früher meine Mutter von mir mit einem Gute-Nacht-Kuß verabschiedete und mich allein in der Dunkelheit zurückließ, wurden meine Gedanken hellwach. Plötzlich fiel mir ein, daß ich einen Teil meiner Hausaufgaben nicht gemacht hatte. Plötzlich fiel mir ein, daß ich meinen Turnbeutel in der Sporthalle vergessen hatte. Plötzlich fiel mir ein, daß ich in der Schule gegen eine Tür gelaufen war und mir dabei eine Beule am Kopf geholt hatte. Plötzlich fiel mir ein, daß der Unterricht am nächsten Tag eine Stunde später beginnen würde. Ich rief meine Mutter, damit sie mich in der Frühe später wecken sollte, und erzählte ihr all die anderen Dinge, die mir durch den Kopf gegangen waren. Meine Mutter wurde sehr böse und fragte mich, warum mir das alles erst zu dieser späten Stunde einfalle und nicht vorher. Sie war nicht bereit, sich abends meinen Tagesablauf anzuhören, nur weil ich mir im Laufe des Nachmittags dafür keine Zeit nahm, sondern meine eigenen Interessen verfolgte. Bevor sie ging, meinte sie, ich sollte mich entspannen, nicht nachdenken, sondern schlafen. Das war aber nicht so einfach, wie sie sich das vorstellte.

Tagsüber hatte ich keine Zeit, meiner Mutter von meinen Erlebnissen und Gedanken zu erzählen. Ich hatte auch zum Nachdenken keine Zeit, denn dazu war ich viel zu beschäftigt. Und das wollte meine Mutter nicht begreifen. Morgens ging ich zur Schule und nachmittags erledigte ich meine Hausaufgaben. Wenn ich nicht Hausaufgaben machte, dann spielte ich mit meinen Freundinnen. Wenn ich nicht spielte, dann war ich im Sport. Wenn ich keinen Sport trieb, dann sah ich fern. Wenn ich nicht fernsah, dann las ich. Wenn ich nicht las, dann hörte ich Musik.

Ich nervte meine Mutter mit meinem ,blöden Getue', wie sie sich ausdrückte. Ich sollte lernen, abends wie jeder andere normale Mensch zur Ruhe zu kommen. Sie war der Ansicht, daß ich einschlafen könnte, wenn ich nur wollte, und verstand nicht, daß ich es nicht schaffte. Stur wie ein Bock wäre ich, fand sie, aber das stimmte nicht. Lieber wäre ich schnell eingeschlafen, aber es wollte einfach nicht gelingen. Meine Mutter konnte mit meinem Einschlafproblem nicht umgehen; es brachte sie an den Rand des Wahnsinns, behauptete sie jedenfalls.

Dann kam wieder ein Abend, an dem ich nicht einschlafen konnte, weil mir viele Gedanken durch den Kopf jagten. Ich rief meine Mutter. Sie war ganz ruhig, legte sich zu mir ins Bett und fragte mich, was mich plagte. Als sie nicht wie üblich böse wurde, wußte ich erst nichts zu antworten. Aber meine Mutter löcherte mich und wollte nicht eher gehen, bis ich ihr alles erzählte, was mich vom Schlafen abhielt. Ich berichtete ihr, daß ich am Morgen beinahe den Bus verpaßt hätte – und plötzlich war mein Kopf leer. Plötzlich waren alle Hausaufgaben erledigt. Plötzlich hatte ich meinen Turnbeutel nicht vergessen. Plötzlich war ich nicht gegen eine Tür gesaust. Plötzlich änderte sich nichts am Stundenplan.

Am nächsten Morgen überraschte mich meine Mutter mit einem ausgefallenen Frühstück. Sie servierte mir einen Stundenplan auf einem großen Teller. Darauf stand: *Sprechstunde täglich von 19.00 bis 20.00 Uhr.*

Nach der Schule erledigte ich erst meine Hausaufgaben, dann spielte ich mit meiner besten Freundin. Um 19.00 Uhr bat mich meine Mutter, den Fernseher auszumachen. Ich zog ein langes Gesicht, weil meine Lieblingssendung noch nicht zu Ende war, kam aber der Bitte meiner Mutter nach. Sie lobte mich. Ich durfte eine Kerze anzünden und alle Lichter im Wohnzimmer ausschalten. Wir setzten uns gemütlich auf das Sofa, und meine Mutter erzählte mir von ihrem Tag. Anschließend fragte sie mich, was ich erlebt hätte. Ich redete wie ein Wasserfall. Nach unserer Sprechstunde pustete ich die Kerze aus und ging ins Bett. Nachdem sich meine Mutter von mir verabschiedet hatte und mich allein in der Dunkelheit zurückließ, drehte ich mich um. Plötzlich waren meine Gedanken müde. Plötzlich lag ich nicht mehr stundenlang wach. Plötzlich konnte ich ohne Probleme einschlafen und freute mich auf die nächste Sprechstunde mit meiner Mutter.

Heute sehe ich ein, daß ich meine Mutter mit meinem ‚blöden Getue' genervt habe. Das Ereignis liegt jetzt fünf Jahre zurück, und ich finde es toll, wie meine Mutter das Problem angepackt hat. Zuerst war sie böse, das stimmt. Weil sie mit dieser Haltung jedoch selbst unzufrieden war, kam ihr die Idee mit der Sprechstunde. In einem dieser Gespräche hatte ich meiner Mutter gesagt, daß es keine böse Absicht gewesen war, mich ihr nicht mitzuteilen, da ich nach der Schule mit dem Vormittag vorerst abgeschlossen hatte. Ich erklärte ihr, daß die bevorstehenden Freizeitaktivitäten für mich oft wichtiger waren und Priorität hatten. Erst abends, wenn ich im Bett lag und nichts mehr anstand, fingen meine Gedanken an, aktiv zu werden. An Entspannung war dann nicht mehr zu denken. Genau so habe sie es sich vorgestellt, meinte meine Mutter. Daher wollte sie mir in der Sprechstunde die Möglichkeit geben, meinen Gedanken freien Lauf zu lassen. Die Zeit, die meine Mutter mir allein widmete, war für mich viel wert. Damit zeigte sie mir, daß ich eine wichtige Rolle in ihrem Leben spiele. Dieses für mich unentbehrliche Gefühl hatte ich zuvor vermißt, weil meine Mutter abends nicht willens war, sich meine Erlebnisse anzuhören. Ihren Mangel an Bereitschaft legte ich falsch aus, bis ich von meiner Mutter über das Mißverständnis aufgeklärt wurde.

Es ist ein schönes Gefühl zu wissen, daß ich eine Mutter habe, die zuhört und der ich Probleme anvertrauen kann.

(Kirsti, 14 Jahre)

Stille Tränen

Mensch werden ist eine Kunst.
(Novalis)

Eine Nachbarin ist im Alter von 92 Jahren nach kurzer Krankheit gestorben. Als ich die Nachricht von ihrem Tod erhielt, war ich sehr betroffen. Wie gelähmt saß ich auf meinem Bett. Erst nach einer Weile rappelte ich mich auf. Langsam ging ich in die Küche und schenkte mir automatisch ein Glas Limonade ein. Während ich trank, fragte ich mich, warum es immer so weh tut, wenn ein Mensch stirbt, den man kennt.

In Gedanken sah ich meine Tante, die ich viel zu früh verloren und die ich über alles geliebt habe.

Nach der Scheidung meiner Eltern zog ich mit meiner Mutter in eine andere Stadt. Damals war ich neun Jahre alt und gerade in der vierten Grundschulklasse sitzengeblieben. Das bedeutete, daß ich die Klasse wiederholen mußte.

In der neuen Stadt kam ich in eine neue Schule und in eine neue Klasse. Die Mitschüler waren alle ganz in Ordnung, aber das Lernen machte mir trotzdem keinen Spaß. Erst meine Tante, die Schwester meiner Mutter, zeigte mir, daß Lernen auch Freude bereiten konnte.

Meine Mutter und ich wohnten nur ein paar Häuser von meiner Tante entfernt. Weil meine Mutter in der neuen Stadt ganztags berufstätig war, ging ich nach der Schule zu meiner Tante und erst abends nach Hause. Meine Tante arbeitete nicht, da ihr Mann so viel verdiente, daß sie ein finanziell sorgenloses Leben führen konnten.

Es war meine Tante, die mir das Mittagessen kochte, wenn ich von der Schule kam, die sich meine Sorgen anhörte, die mir bei den Hausaufgaben half. Sie hatte Geduld mit mir und war für mich da. Sie war nicht so wie meine Mutter, die abends zu erschöpft war, sich nach meinem Tagesablauf oder meinen Schulangelegenheiten zu erkundigen. Meine Mutter schimpfte mit mir, wenn ich mal eine schlechte Note bekam, oder sperrte mich ein, wenn ich nicht auf der Stelle parierte. Meine Tante war ganz anders: Sie glaubte an mich. Bald wurde mir bewußt, daß ich eine Freundin gewonnen hatte, der ich alles anvertrauen konnte und der ich vieles verdanke.

Die vierte Klasse schloß ich nicht gerade mit Bravour ab, schaffte aber den Sprung in die Realschule. Während meine Mutter mir Vorwürfe machte, daß ich im letzten Schuljahr nicht genügend gelernt und deswegen den Notendurchschnitt für das Gymnasium nicht erreicht hätte, war meine Tante stolz auf mich und gratulierte mir zur weiterführenden Schule. Aufgrund der negativen Äußerung meiner Mutter fragte ich mich ernsthaft: ‚Was kann ich ihr überhaupt recht machen? Warum läßt sie kein gutes Haar an mir?' Ich wollte es wissen und gab mir einen Stoß. Ihre Antwort war ein Schlag ins Gesicht. Meine Mutter ließ nämlich durchblicken, daß sie mich für das Scheitern ihrer Ehe verantwortlich machte. Wäre ich nicht gewesen, hätte sie mehr Zeit für ihren Mann gehabt. Weil sich mein Vater vernachlässigt fühlte, hätte er sich von ihr distanziert und eine neue Partnerin gefunden, die mehr Zeit für ihn aufbrachte und mit der er zusammensein wollte.

Tage später entschuldigte sich meine Mutter bei mir für das, was sie gesagt hatte. Doch gesagt war gesagt, und die Beschuldigung saß tief. Zum Glück hatte ich meine Tante, zu der die Beziehung nach dem ‚Geständnis' meiner Mutter noch enger wurde.

Als ich zwölf war, wurde meine Tante, die sonst immer kerngesund war, plötzlich krank. Mittags pflegte ich sie und brachte ihr Pfefferminztee und Zwieback ans Bett. Nach einer Woche ging es ihr besser, und ich war wieder glücklich.

Dieser Zustand dauerte zwei Jahre. Mal ging es meiner Tante gut, dann wieder schlecht. Kein Arzt konnte feststellen, was ihr fehlte, bis sie ins Krankenhaus kam. Dort teilten uns die Ärzte mit, daß meine Tante Magenkrebs im fortgeschrittenen Stadium habe und nicht mehr lange leben würde. Ich wollte es nicht glauben. Meine heile Welt drohte einzustürzen.

Mit meiner Mutter konnte ich nicht über den Tod und was danach passierte reden. Jedesmal, wenn ich darüber sprechen wollte, wimmelte sie mich ab.

Nach einem weiteren Jahr starb meine Tante. Am Ende war sie im Delirium und wußte nicht einmal mehr, wer ich war, wenn ich sie im Krankenhaus besuchte.

Meine Mutter half meinem Onkel bei den Beerdigungsvorbereitungen. Damit und mit ihrem Job war sie so beschäftigt, daß sie keine Zeit für mich hatte. Mit meinem Kummer mußte ich selbst zurecht kommen.

Auf dem Friedhof angelangt, lief ich wie in Trance mit den anderen Trauergästen in die Kapelle, in der meine Tante in einem offenen Sarg aufgebahrt war. Niemand hatte mich auf diese Situation vorbereitet. Mit Tränen in den Augen rannte ich hinaus. Noch heute sehe ich meine tote Tante vor mir, wie sie mit gefalteten Händen im Sarg liegt.

Wie ich den Trauergottesdienst überstanden habe, weiß ich nicht mehr. Wie ich den Weg zum Grab schaffte, weiß ich auch nicht mehr. Ich weiß nur, daß ich eine riesige schwarze Leere in mir spürte. Weinen durfte ich nicht. ‚Das schickt sich nicht für einen Jungen‘, meinte meine Mutter. Ich sollte Stärke beweisen und durfte über den Menschen, der mir so viel bedeutete, nicht weinen. Ich vergoß stille Tränen, die niemand bemerkte.

Mit meiner Tante verlor ich einen wertvollen Menschen. Sie war meine Bezugsperson. Eine Freundin, die immer Stärke bewies, bis zu dem Tag, an dem die Krankheit stärker war.

Der Gedanke, ich würde nie mehr mit meiner Tante spazierengehen können, nie mehr ihr Lob hören, nie mehr ihre Hand auf meiner spüren, versetzte mich in tiefe Verzweiflung. Ich mußte erst wieder lernen, einen Platz in meinem Alltag zu finden.

Von meiner Mutter hätte ich mir erhofft, sie hätte beim Prozeß des Abschiednehmens mehr Gefühl gezeigt, mehr Eingeständnisse gemacht. Ein offenes Gespräch über das Sterben wäre schon eine Hilfe gewesen. Aber das konnte ich, nach all dem, was zwischen uns vorgefallen war, von ihr wohl nicht erwarten, geschweige denn verlangen.

Die Schuldzuweisung, ich hätte die Familie entzweit,

hat mich tief getroffen. Ich wünschte mir, meine Mutter würde sich Gedanken machen, was sie mir mit diesem Vorwurf tatsächlich angelastet hat.

Seitdem ist ein Jahr vergangen. Das Verhältnis zu meiner Mutter ist etwas entspannter, aber noch nicht gut. Vielleicht finden wir mit der Zeit zueinander. Ich weiß es nicht, würde es aber begrüßen.

Ich werde lernen müssen, meine Tante in meinen Gedanken weiterleben zu lassen, ohne daß es mir dabei das Herz bricht. Oft denke ich an die schönen Zeiten, die wir miteinander verbrachten. In meinen Erinnerungen werde ich meine Tante nie verlieren.

(Felix, 16 Jahre)

Ein schlechtes Gewissen

Wer kein schlechtes Gewissen hat, hat überhaupt keins.
(Thomas Niederreuther)

Das mit dem schlechten Gewissen ist lange her. Damals war ich gerade sieben Jahre alt.

Ich begleitete meine Mutter zum Einkaufen. Als wir uns mit dem vollen Einkaufswagen an der Kasse anstellten, lachte mich ein Schokoriegel an, und schon lief mir das Wasser im Mund zusammen. Weil meine Mutter mir nach dem Mittagessen erlaubt hatte, Schokolade zu essen, wußte ich, daß sie es mir verbieten würde, den Schokoriegel zu kaufen. Da brauchte ich gar nicht erst fragen.

Während meine Mutter damit beschäftigt war, die Einkäufe auf das Band zu legen, schaute ich mich diskret um. Als ich feststellte, daß mich niemand beobachtete, langte ich flink in das Regal, nahm mir einen Riegel und ließ ihn vorsichtig in meine Manteltasche gleiten. Mein Herz klopfte wild. Ich hatte nur noch ein Verlangen: so schnell wie möglich aus dem Laden zu verschwinden. Daher half ich meiner Mutter, die restlichen Lebensmittel rasch in Taschen zu verstauen.

Draußen stieß meine Mutter auf eine Bekannte und fing ein Gespräch mit ihr an. ‚Ich laufe schon mal zum Auto‘, sagte ich und verschwand. Unterwegs verdrückte ich den Schokoriegel. Nach dem letzten Bissen fragte ich mich, was der Diebstahl gebracht hat, denn er hat mir nicht einmal geschmeckt. Am liebsten hätte ich ihn wieder ausgespuckt und in den Laden zurückgebracht.

Ich gab die Schuld dem Schokoriegel. Er mußte für mein schlechtes Gewissen herhalten. Damals war ich von ,seiner Schuld' fest überzeugt, weil ich mir nicht eingestehen konnte, die Verantwortung für das Geschehene selbst zu tragen.

Lange habe ich mit niemandem darüber gesprochen, weil ich mich schrecklich dafür schämte. Erst viel später erzählte ich meiner Mutter von dem Vorfall. Sie nahm mich in den Arm und bedauerte, daß ich mich so lange und völlig unnötig mit einem schlechten Gewissen herumgeplagt habe. Mit ,völlig unnötig' meinte sie, daß ich mir viel Leid erspart hätte, wenn ich mich ihr früher anvertraut hätte.

Meine Mutter hat mich wegen des Diebstahls nicht gerügt. Aber sie hat mich gebeten, es nie wieder zu tun. Und nach dieser Erfahrung kann ich mir nicht vorstellen, noch einmal in Versuchung zu geraten.

(Paula, 14 Jahre)

Versprochen ist (nicht) versprochen

*Wer Kindern was verspricht, sei es ein Spiel oder
ein Geschenk, der halte es wie einen Eid.*

(Peter Rosegger)

Nachdem sich meine Eltern hatten scheiden lassen, verbrachte ich jedes zweite Wochenende bei meinem Vater.
Das ging so lange gut, bis mein Vater eine neue Partnerin
und meine Mutter einen neuen Partner gefunden hatten.
Danach verlief nicht mehr alles so, wie es einst vereinbart wurde. An den Wochenenden ‚verteilten' mich
meine Eltern nach Gutdünken. Ich lebte mal hier, mal
dort. Hatte mein Vater an einem Wochenende keine
Zeit, mußte ich bei meiner Mutter bleiben. Wollte meine
Mutter an einem Wochenende mit ihrem Freund etwas unternehmen, wurde ich zu meinem Vater geschickt. Überschnitten sich die Termine der beiden,
brachte mich meine Mutter bei meinem Schulfreund
unter. Um ehrlich zu sein, war mir das ohnehin lieber,
als ein Wochenende mit meiner Mutter und ihrem
Freund Ben zu verbringen. Der mochte nämlich keine
Kinder. Wenn ich das Wort ‚Ben' nur hörte, bekam ich
Gänsehaut.

Während eines gemeinsamen Urlaubs hatte meine
Mutter Ben kennengelernt. Seit dieser Zeit waren für
mich die Ferien gelaufen, denn ich hatte nichts mehr zu

melden. Tagsüber durfte ich mich selbständig in der Hotelanlage bewegen, abends wurde ich in die Kinderdisco gesteckt, damit meine Mutter sich ungestört mit Ben amüsieren konnte.

Vor Ben hatte meine Mutter andere Freunde, die sympathisch waren und sogar mit mir spielten. Aber Ben dachte nicht daran, sich mit mir zu beschäftigen. ‚Warum läßt sich meine Mutter nur mit einem Mann ein, der mich ignoriert? Wieso ist sie mir zuliebe nicht bereit, Kompromißlösungen zu finden?‘ fragte ich mich.

Eigentlich war ich Überraschungen ja gewöhnt. Dennoch wunderte ich mich, warum meine Mutter an diesem Freitag so aus dem Häuschen war, als ich etwas später als üblich von der Schule kam.

Wütend öffnete meine Mutter die Tür und empfing mich mit barschen Worten: „Warum kannst du nicht einmal pünktlich sein?" An ihrer Stimmlage merkte ich, daß etwas im argen liegen mußte, wußte aber nicht, was. Ich konnte ihre Aufregung nicht verstehen und wollte ihr erklären, warum ich mich verspätet hatte. Aber davon wollte sie gar nichts wissen. Statt dessen sagte sie mir, ich solle mich umziehen, weil mich mein Vater gleich abholen und ich das Wochenende bei ihm verbringen würde.

„Ich gehe aber doch heute nachmittag zu Rüdigers Geburtstagsfeier und erst morgen zu Papa", sagte ich verdutzt. „Du hast mir versprochen, du würdest Papa Bescheid geben, damit er erst morgen kommt."

„Er kommt aber heute!"

„Und die Party?"

„Die mußt du sausen lassen!"

Meine Meinung zählte nicht.

Ben hatte meine Mutter abends zu einer Theateraufführung eingeladen, und die wollte sie unter keinen Umständen versäumen. Ich war stinksauer. ‚Wieso nimmt sie sich das Recht heraus, ihren Freizeitaktivitäten nachzugehen, und vergißt darüber meine?' fragte ich mich. Rüdiger war mein bester Freund, und ich hatte mich auf die Geburtstagsfeier gefreut. Aber mit meiner Mutter war nicht zu reden. Sie rief Rüdiger an und sagte mein Kommen ab. Helle Tränen stürzten mir aus den Augen; ich war so enttäuscht, daß sich meine Mutter nicht an ihr Versprechen gehalten hatte.

Damals war ich acht Jahre; bis heute habe ich dieses Erlebnis nicht vergessen.

Diese Willkür und Unachtsamkeit mir gegenüber läßt mich glauben, ungewollt zu sein. Es macht mir sehr zu schaffen und belastet mich fast noch mehr als das wahllose Hin- und Herschieben von einem Elternteil zum anderen.

Früher, als meine Eltern noch verheiratet waren und ich mich am Tisch nicht so benahm, wie sie es gerne sahen, sagte mein Vater oft: „Benimm dich wie ein Erwachsener!" Meine Mutter bleute mir die gleichen Worte ein, wenn ich mal unartig war.

Aber wenn ich mir meine Eltern anschaue, will ich gar nicht so werden wie die Erwachsenen. Erst wenn sie mit gutem Beispiel vorangehen, werde ich sie als Vorbild ansehen können.

Ich wünschte, meine Eltern würden nicht so eigennützig handeln, sondern ab und zu auch auf meine Bedürfnisse eingehen.

(Heiko, 11 Jahre)

DOPPELROLLE VATER & MUTTER

DOPPELROLLE
VATER & MUTTER

Wer war doch gleich Pythagoras?

Wissen können wir von anderen lernen.
Weisheit müssen wir uns selber lehren.
(Axel Munthe)

Unsicher schaut der 10jährige Mario in die Menge. Ihm ist ganz schön mulmig zumute.

„Ich habe Angst", sagt Mario und macht Anstalten, die Aula zu verlassen.

Als Mario vor Monaten die Grundschulempfehlung für das Gymnasium erhielt, nahm er in Begleitung seiner Mutter die Gelegenheit wahr, bei einem ‚Tag der offenen Tür' die Schulen, die für ihn in Frage kamen, aufzusuchen. Seine Klassenkameraden wählten ein Gymnasium mit musikalischem Profil, das Mario nicht zusagte, denn sein Interesse gilt eher den naturwissenschaftlichen Fächern. Daher entschied er sich als einziger seiner Klasse für eine andere Schule. Die Mutter befürwortete seinen Entschluß. Wenige Wochen nach der Anmeldung kam die Aufnahmebestätigung in die fünfte Klasse, und die Mutter war sehr stolz. Auch Mario freute sich, doch ein paar Tage vor der Einschulung war er sich auf einmal gar nicht mehr so sicher, ob er ohne Begleitung eines ‚alten' Freundes Lust auf die neue Schule hatte. Die Mutter aber bekräftigte seine Wahl und bat ihren Sohn, seine Courage vor dem wichtigen Lebensabschnitt nicht zu verlieren. Sie war überzeugt, daß er schnell Anschluß finden und Freundschaften schließen würde.

„Hier sind nur nette Kinder", heitert die Mutter ihren Sohn auf, um ihn davon abzuhalten, das Weite zu suchen. „Du bist gewiß nicht der einzige, der ohne einen Grundschulkameraden da ist, und gewiß nicht der einzige, in dessen Magen es kribbelt und krabbelt wie in einem Ameisenhaufen."

Mario setzt sich wieder, zupft nervös an dem Bändel seines Schulranzens und harrt notgedrungen der Dinge, die auf ihn zukommen. Seine Mutter beobachtet ihn und kann seine Unruhe durchaus verstehen. Manchem Erwachsenen ginge es in einem Kreis von zahllosen fremden Gesichtern nicht wesentlich anders. Außerdem hat Marios Vater sein Erscheinen unter dem Vorwand ‚beruflicher Angelegenheiten' abgesagt. Mario stimmt das Desinteresse seines Vaters sehr traurig; er kann nicht verstehen, daß ihm seine Belange gleichgültig sind. Tatsache ist, daß der Vater nach der Scheidung zu Mario Distanz hält, sich intensiver um sein neues als um sein altes Leben kümmert und seinen Sohn lediglich alle vier Wochen für ein Wochenende zu sich nimmt. Für die Mutter ist die Doppelrolle harte Arbeit. Es fällt ihr nicht immer leicht, dieser Herausforderung gerecht zu werden und beide Rollen, sowohl die der Mutter wie die des Vaters, einzunehmen. Doch ist sie bestrebt, das beste aus der Situation zu machen und ihrem Sohn, soweit es ihr möglich ist, ein angenehmes Leben zu bieten.

Der Schuldirektor begrüßt alle Anwesenden und

heißt die Fünftkläßler in ihrer neuen Umgebung besonders herzlich willkommen. Nach einer kurzen Erläute-
rung über den geplanten Ablauf der Veranstaltung kün-
digt er den Zauberer Coco aus der Oberstufe an. Coco,
Mitglied der Zauber-AG, zieht die Kinder mit erstaunli-
chen Tricks in seinen Bann und läßt sie die Anspannung für eine Weile vergessen.

„Nun wollen wir euch, liebe Kinder, nicht länger auf
die Folter spannen", meint der Direktor nach der zau-
berhaften Vorstellung, die mit tosendem Applaus zu
Ende geht. „Eure Klassenlehrer sind genauso ungedul-
dig wie ihr und freuen sich darauf, euch kennenzuler-
nen."

Die Kinder werden namentlich aufgerufen. Mario
bleibt ein längeres Zappeln auf dem Stuhl erspart, da
er in die Klasse 5a eingeteilt wird. Bevor er aufsteht, um
sich zu den anderen zu gesellen, drückt die Mutter
seine Hand, eine Geste, mit der sie ihm viel Glück
wünscht.

Während die letzten Kinder mit ihrem Lehrer abwan-
dern, erhalten die Eltern vom Direktor noch allgemeine
Informationen zur Schule und zum Lehrplan. Anschließend wartet die Mutter auf Mario, der mit strahlenden
Augen auf sie zuläuft.

„Wie war's?" fragt die Mutter neugierig.

„Ganz toll", antwortet Mario, der sichtlich erleichtert ist. Der Junge berichtet vom Rundgang durch die
Schule, plappert gutgelaunt über die netten Mitschüler, und voller Stolz zeigt er der Mutter seinen aus-
gefüllten Stundenplan. „Ich habe auch schon einen
Freund!"

„Ich bin begeistert und freue mich für dich", meint
die Mutter ehrlich. Sie ist froh, daß Mario die erste

Hürde genommen hat und seine Angst der Vergangenheit angehört.

„Wir haben für jedes Fach einen anderen Lehrer."

„Da wird der Unterricht garantiert nie langweilig."

„Wir haben nicht nur Deutsch und Mathe, sondern auch Erdkunde, Bio, Englisch und Naturphänomene", prahlt Mario.

„Bald bist du wesentlich klüger als ich!"

Die Mutter ist sich bewußt, daß dies binnen kurzem tatsächlich eintreten wird, weil sie ihrem Sohn in den höheren Klassen keine unterstützende Lernhilfe sein kann. Ein wenig graut ihr davor, denn was weiß sie schon von Pythagoras und dem Quadrat über der Hypotenuse, über die chemische Formel von Kochsalz oder Napoleon und die Französischen Revolution? Wäre sie noch mit Marios Vater verheiratet, würde dieser dem Jungen helfen können, sollte Mario mal nicht weiter wissen. Da sie aber das Sinnieren über das Wäre und Würde nicht weiter bringt und sie auf diese Hilfe nicht zurückgreifen kann, beschließt sie, sich dieser Situation zu stellen.

Marios Mutter mag den Lehrsatz des Pythagoras nicht kennen, sie mag auch nicht in der Lage sein, ihrem Sohn Zahl und Maß als Wesen der Dinge zu lehren. Aber sie will trotzdem versuchen, Mario – so gut sie eben kann – auf seinem schulischen Weg zu unterstützen, indem sie seine Neugier an den Wissensgebieten wachhält, ihm zu verstehen gibt, daß sie an ihn und seine Fähigkeiten glaubt – und indem sie nicht müde wird, ihrem Sohn Zuneigung zu schenken.

Warum unterstützt die Mutter Marios Schulwahl?

Nach der Scheidung ist Marios Mutter nicht nur mit der Doppelbelastung von Arbeit und Erziehung konfrontiert. Da sich ihr Ex-Mann immer weniger um Mario kümmert, muß sie ihrem Sohn zunehmend auch den Vater ersetzen. Im Prinzip gelingt es ihr recht gut, diese Doppelrolle auszufüllen, aber sie wird auch immer wieder vor neue Herausforderungen gestellt.

Eine solche Situation tritt ein, als sich Mario nach der Grundschule für das naturwissenschaftliche Gymnasium entscheidet. Seine Mutter weiß, daß sie schon sehr bald ihrem Sohn keine große Hilfe mehr sein wird, da ihre Kenntnisse in diesen Fächern gering sind. Dennoch unterstützt sie die Wahl ihres Sohnes, weil sie merkt, daß diese schulische Ausrichtung den Neigungen und Fähigkeiten Marios entspricht.

Natürlich fürchtet sie sich ein wenig vor dem, was da auf sie zukommt. Denn in diesem Fall wird sie den Vater nicht ersetzen können. Sie weiß um dieses Manko, aber sie schämt sich nicht dafür. Vor allem will sie nicht, daß Marios Erziehung unter einer falsch verstandenen Eitelkeit leidet. Deswegen gesteht sie sich ihr Unvermögen ein und hofft, Marios Ausbildung mit anderen, ihr zur Verfügung stehenden Mitteln fördern zu können, mit Zuwendung, Ansporn und Aufmerksamkeit. Wenn wirklich einmal fachliche Hilfe erforderlich werden sollte, vielleicht wird sie dann von einem Schulkameraden kommen.

Bananensuppe und Zwiebeleis

Nicht, wer viel besitzt ist reich,
sondern wer viel gibt.

(Erich Fromm)

„Kaufst du mir einen Nintendo 64?" fragt der 9jährige Luke unvermittelt.

Die Mutter fällt aus allen Wolken. „Natürlich", antwortet sie spitz. „Und wenn wir schon dabei sind, das Geld aus dem Fenster zu werfen, kaufen wir mir auch noch einen goldenen Ring."

„Wozu brauchst du einen Ring? Du hast doch schon einen", meint Luke ernst. Er kann den Vergleich nicht richtig nachvollziehen.

„Wozu brauchst du einen Nintendo?" erwidert die Mutter.

„Nintendo 64", verbessert Luke seine unwissende Mutter, denn auf diese Zahl kommt es ihm an. „Ein Nintendo ist doch völlig veraltet; aber der Nintendo 64 hat eine dreidimensionale Graphik und ist einfach fortschrittlicher. Bitte, Mutti, ich brauche einen Nintendo 64. Und zwar dringend. Bis Weihnachten sind es noch vier Monate, und Geburtstag hatte ich erst."

Lukes kleine Welt bricht zusammen, als die Mutter sich von der Notwendigkeit einer solchen Anschaffung nicht überzeugen läßt. Sie macht ihrem Sohn klar, daß ein derartig extravaganter und teurer Wunsch nicht an einem x-beliebigen Tag im Jahr erfüllt werden kann, sondern auf den Wunschzettel für besondere Feste gehört. Außerdem würde sie seiner Bitte auch nicht nachkommen, wenn sie vermögender wäre.

„Das ist nicht fair", meckert Luke.

„*Du* bist nicht fair", entgegnet die Mutter. „Es stimmt mich wirklich traurig, daß du dies nicht einsiehst. Nehmen wir mal an, du würdest deinen Dickkopf durchsetzen können. Nach ein paar Tagen hast du von dem Nintendo 64 genug, und dann? Dann kommt der nächste Wunsch und der nächste und der nächste."

Der Junge fühlt sich nicht verstanden und findet seine Mutter gemein. Richtig gemein. Er findet sie sogar so gemein, daß er noch Stunden später eine Schnute zieht, um seiner Mutter damit zu beweisen, wie ungerecht er sich behandelt fühlt. Der Mutter mißfällt Lukes Verhalten, und sie bittet ihn, sich von seiner imaginären Welt zu verabschieden. Doch Luke will von dem Vernunftgerede seiner Mutter nichts wissen.

Als Luke abends die Tomaten und Gurken, die Milch und das Vollkornbrot auf dem Eßtisch sieht, zieht er ein noch längeres Gesicht.

„Was um alles in der Welt ist nur mit dir los?" fragt die Mutter, die über die Launen ihres Sohnes erbost ist.

„Dieser gesunde Fraß geht mir auf den Sender", kritisiert Luke. „Ich habe keinen Appetit auf das Grünzeug. Warum gibt es nicht mal etwas ‚Anständiges' wie Pommes mit Ketchup und Cola?"

Die Mutter will ihren zornigen Sohn in die Arme nehmen, aber Luke weist sie schroff von sich.

„Am liebsten hätte ich genügend Geld, um einen ganzen Spielwarenladen kaufen zu können", meint Luke plötzlich.

Luke ist nicht Luke, denkt die Mutter. Der Junge ist völlig außer Rand und Band. Sie fragt sich, weshalb ihr Sohn in puncto Nintendo 64 derart unnachgiebig ist. Normalerweise läßt Luke mit sich reden und rastet nicht gleich aus, wenn sie einen anderen Standpunkt vertritt. Warum stellt er sich diesmal so bockig an? Die Mutter versucht, seinem Verhalten auf den Grund zu gehen.

„Luke", sagt sie ruhig. „Wenn du so viel Geld hättest und du dir mit einem Schlag alles kaufen könntest, was du dir wünschst, würden die Spielsachen schnell an Bedeutung verlieren."

„Blödes Geschwafel."

„Du hättest zu Weihnachten oder zu deinem Geburtstag nicht einen einzigen Wunsch mehr."

„Egal."

„Die Vorfreude auf die Überraschungen würde dir genommen werden."

„Egal."

„Was würdest du mit all den Dingen machen?"

„Meine Freunde einladen. Dann müßte ich nämlich nicht erst auf meinen Geburtstag oder Weihnachten warten, um sie ihnen vorzuführen."

Die Katze ist aus dem Sack. Luke will imponieren. Geduldig erklärt ihm die Mutter, daß seine Freunde ihn um seiner Gesellschaft willen besuchen. Dabei spiele es keine Rolle, ob er im Besitz eines Nintendo 64 ist oder nicht.

„Du würdest dich lausig fühlen, wenn es anders wäre", behauptet die Mutter.

„Wie meinst du das?" fragt Luke.

„Stell dir vor, dein Zimmer wäre wie ein Spielwarenladen ausgestattet und deine Freunde würden nicht
wegen des liebenswerten Luke kommen, sondern dir
nur wegen der materiellen Dinge die Bude einrennen."

„Ich könnte mir nichts Schöneres vorstellen", versichert Luke.

Die Mutter spürt, daß sie einen falschen Weg einge-
schlagen hat. Außerdem ist es mit ihrer Geduld nicht
mehr weit her. Warum wird immer sie mit solchen Situationen konfrontiert? Warum muß immer sie die Kri-
sen zu lösen versuchen? Warum muß immer sie die
Tränen ihres Sohnes trocknen? Luke hat einen Sonn-
tagsvater, der seinen Sohn einmal in der Woche mit
seiner Sonntagslaune verwöhnt. Er kann es. Es ist auch
kein Wunder, da er vom Streß des Kinderalltags befreit
ist und seinem Sohn ohne jegliche Vorbehalte ein paar
ausgelassene Stunden seines Lebens schenken kann.
Die Mutter verflucht Lukes Vater, der, wenn sie ihn an-
ruft, um über die Entwicklung, Probleme oder andere
Angelegenheiten des gemeinsamen Sohnes zu reden,
sich gleichgültig verhält und ihr die Maßregeln überläßt. Dieser passiven Einstellung verdankt sie ihre eh-
renamtliche Doppelrolle, die ihr manchmal zu schaffen
macht oder sie gar überfordert. Manchmal. Denn an
guten Tagen hat sie das Gefühl, den Sorgen einer ganzen Kinderschar gewachsen zu sein.

Während sie sich noch solchen Gefühlen hingibt,
macht sich tief in ihrem Inneren eine leise Stimme be-
merkbar, welche die Mutter ermahnt, nicht im Selbstmitleid zu versinken. Sie steht zu ihren Phasen des
Selbstmitleids, die hin und wieder auftreten. Aber sie
weiß auch, daß dieser Zustand äußerst ungünstig ist,
um ihrem Sohn dabei behilflich zu sein, von seinem

hohen Roß zu steigen. Da sie sich im Moment weder gelassen genug fühlt noch Luke unbeherrscht gegenübertreten möchte, beschließt die Mutter, das Thema auf Eis zu legen. Sie nimmt sich vor, ein anderes Mal mit Luke zu sprechen, wenn er nicht mehr so aufgebracht und für rationale Begründungen empfänglicher ist.

„Hast du Lust auf eine Runde *Monopoly?*" schlägt die Mutter vor.

„Keinen Bock", antwortet Luke und geht, ohne einen Bissen zu sich zu nehmen, ins Bett.

Auch am nächsten Tag hat Luke nichts anderes im Sinn, als die beleidigte Leberwurst zu mimen. Schweigend geht er in die Schule, schweigend ißt er sein Mittagessen, und schweigend macht er seine Hausaufgaben. Die Mutter läßt ihren Sohn gewähren. Aber als er am späten Nachmittag immer noch keine Anstalten macht, seine schlechte Laune aufzugeben, ist sie nicht länger bereit, Lukes schmollendes Gesicht zu ertragen. Weil sie einen guten Tag hat und sich stark genug fühlt, des Problems Herr zu werden, heckt sie einen Plan aus.

Stunden später klopft sie an Lukes Tür. „Das Abendessen ist fertig", sagt sie. „Kommst du bitte?"

„Keinen Hunger", antwortet Luke gelangweilt.

„Wie du meinst. Dann werde ich auf deine Gesellschaft wohl oder übel verzichten müssen", bemerkt die Mutter, geht aus dem Zimmer und läßt die Tür absichtlich offen.

Luke wundert sich, daß seine Mutter ihn ohne eine weitere Aufforderung zurückgelassen hat. Auf Zehenspitzen schleicht er aus seinem Zimmer und nimmt den außergewöhnlichen Geruch wahr, der sich in der Wohnung verbreitet.

„Es freut mich, daß du es dir anders überlegt hast", sagt die Mutter, als Luke neben ihr steht.

„Was riecht hier denn so lecker?" fragt Luke beim Anblick des liebevoll gedeckten Tisches.

„Schön, daß ich doch nicht allein essen muß", sagt die Mutter und bittet Luke, sich zu setzen.

„Gibt's was zu feiern?"

„Deine gute Laune."

„Von guter Laune kann nicht die Rede sein."

„Das ist mir klar. Du fühlst dich ungerecht behandelt und bist übel drauf. Aber hoffentlich geht es dir besser, wenn du heute Zwiebelsuppe anstatt Tomaten und Gurken sowie Pommes mit Ketchup anstatt Vollkornbrot essen darfst. Es gibt Cola statt Milch zu trinken und Bananeneis zum Nachtisch."

Luke ist überrascht.

Nach dem ‚anständigen' Essen, das Luke sich schmekken läßt, fordert der Junge seine Mutter zum *Monopoly* heraus und gewinnt.

„Gute Nacht", sagt die Mutter und gibt ihrem Sohn einen Kuß.

„Nacht", erwidert Luke. „Kaufst du mir morgen einen Nintendo 64?"

Die Mutter schmunzelt. Luke hat das Thema noch nicht abgehakt. Die Mutter regt ihren Sohn zum Träumen an. Er solle sich in Gedanken alles, was sein Herz begehrt, kaufen und sich sein Zimmer mit den neu erstandenen Spielsachen einrichten. Mit einem letzten Gute-Nacht-Kuß verabschiedet sich die Mutter von ihrem Sohn.

In der Nacht wälzt sich Luke unruhig hin und her. Seine Mutter hört, wie er im Schlaf murmelt und läuft in sein Zimmer. Als sie sieht, wie Luke sich windet, setzt sie sich neben ihn und streichelt ihn sanft. Luke schlägt die Augen auf und fängt heftig zu weinen an.

„Ich hatte einen schlimmen Traum", wimmert Luke.

„Möchtest du ihn mir verraten oder lieber für dich behalten?" fragt die Mutter.

„Darf ich ihn dir erzählen?" fragt Luke schüchtern. Als die Mutter mit dem Kopf nickt, vertraut er ihr seinen Traum an.

Von Zorn erfüllt, brennt Luke durch und begegnet unterwegs einer Elster, die ihm einen Sack Goldmünzen schenkt. Glücklich, endlich nicht mehr in Armut leben zu müssen, zieht er damit los. Nach einer Weile läuft ihm eine wunderschöne Puppe mit hübschem, blondem Lokkenhaar über den Weg. Die niedliche Puppe führt Luke in ihren Spielwarenladen, von dem der Junge fasziniert ist. Luke gibt der Puppe die Goldmünzen und sie ihm dafür alle Spielwaren, die er sich mit einem riesengroßen Lastwagen nach Hause transportieren läßt. In der Schule protzt Luke mit seinen neuen Errungenschaften, und fortan geben sich seine Klassenkameraden bei ihm die Klinke in die Hand. Äußert Luke, für den der Reiz des Neuen schnell verblaßt, den Wunsch, mit den Freunden auf der Straße Ball zu spielen, wird er ausgelacht und für ‚nicht ganz sauber' gehalten. Vor lauter Kummer, von den Freunden verspottet zu werden, verkriecht er sich in eine Ecke und weint. Der böse Feind Wario, der alles haßt, springt aus dem Nintendo 64 und verwandelt Luke in ein dynamisches Legomännchen. Plötzlich steckt Luke mitten in seltsamen Abenteuern. Er geht mit einem Polizisten auf Verbrecherjagd, mit einer Squaw auf Büffelfang, rettet einen Hund, der in den lodernden Flammen zu ersticken droht, und fliegt in einer Rakete zum Knopfmond.

„Als ich auf dem Mond gelandet bin, wurde mir schrecklich kalt", meint Luke. „Und dann bin ich aufgewacht."

„Soll ich bei dir bleiben?" fragt die Mutter entgegenkommend.

„Bitte ja."

„Das mache ich gerne."

„Ich habe mich entschieden."

„Seit wann triffst du mitten in der Nacht Entscheidungen?"

„Seit jetzt."

„Eigentlich bin ich schrecklich müde, doch höre ich mir noch an, was du entschieden hast", sagt die Mutter. „Aber danach wird geschlafen."

„Abgemacht", sagt Luke und berichtet, daß er sich keinen Nintendo 64 mehr wünscht. Vielleicht setzt er diesen zu Weihnachten auf seinen Wunschzettel. Vielleicht. Das weiß er noch nicht genau. Aber er weiß mittlerweile, daß es nicht das Schönste ist, alle gewünschten Dinge auf einmal zu bekommen. Das hat Luke im Traum gelernt, und im nachhinein leuchtet ihm auch der Standpunkt seiner Mutter ein. Luke gibt zu, besessen von der Idee gewesen zu sein, mit Besitz imponieren zu wollen. Nur weil er mit einem Klassenkameraden gesprochen hat, der ihn zu dem Kauf angestachelt hat und mit dem er unbedingt gleichziehen wollte, hat er sein unmöglichstes Benehmen zur Schau gestellt. Jetzt erst begreift Luke, daß er seine Mutter früher in das Geheimnis hätte einweihen sollen, denn sie hätte ihm schon eher mit ihren vernünftigen Ratschlägen aus der Patsche geholfen und ihm klar gemacht, daß er keine Besitztümer benötigt, um Freunde zu haben.

„Das nächste Mal reden wir gleich Tacheles", bittet die Mutter.

„Was ist denn das?"

Die Mutter erklärt ihrem Sohn, daß es ‚offen miteinander reden' bedeutet.

„Warum sagst du das nicht gleich?"

„Ich hatte Lust auf einen ‚exotischeren' Ausdruck."

„Weil du von Exoten sprichst, fällt mir noch etwas ein."

„Wenn unser Plauderstündchen noch lange weitergeht, können wir eigentlich gleich aufstehen und frühstücken."

„Nur noch das. Ehrlich."

„Schieß los."

„Rate mal, was du mir im Traum zum Essen serviert hast?"

„Na, was?"

„Bananensuppe und Zwiebeleis."

„Igitt, wie widerlich", ruft die Mutter schaudernd. „Würde ich dir das im echten Leben servieren, würdest du flippen."

„Ausflippen", verbessert Luke seine Mutter.

Beide müssen lachen. Am nächsten Tag ist Luke wieder Luke.

Weshalb stellt sich die Mutter beim Nintendo 64 stur?

Wie viele andere Eltern ist auch Lukes Mutter damit konfrontiert, daß ihr Sohn immer wieder Wünsche nach Dingen äußert, die er bei seinen gleichaltrigen Kameraden gesehen hat und die er nun auch besitzen will. Sie hat dafür ein gewisses Verständnis, aber es gibt auch Grenzen.

Zum einen, wie im Fall des Nintendo 64, gibt es Dinge, die sie sich zwischendurch nicht einfach leisten kann. Zum anderen – und das ist ihr wichtiger – will sie nicht, daß die Freundschaften ihres Sohnes vor allem über materielle Dinge geknüpft werden. Als sie merkt, daß Luke mit seinem Spielzeug nur imponieren will, zeigt sie sich daher erst recht unnachgiebig.

Gleichwohl beschleicht sie kurz die Furcht, mit ihrer Weigerung, den Wunsch ihres Sohnes zu erfüllen, dessen Zuneigung zu verlieren und gegenüber Lukes Vater ins Hintertreffen zu geraten. Da ihr aber ein Zusammenleben, das auf Zuneigung und nicht auf Besitz beruht, überaus wichtig ist, bleibt sie Luke gegenüber hart.

Letztlich hat sie Glück, daß ihr ein Traum zu Hilfe kommt, denn mit ihren rationalen Überlegungen konnte sie Luke nicht überzeugen.

Die Pflicht ruft

Wie oft verglimmen die gewaltigsten Kräfte,
weil kein Wind sie anbläst!

(Jeremias Gotthelf)

Die 9jährige Alexandra stürmt ins Haus. „Was gibt es heute zu essen?" fragt sie. „Ich habe Hunger wie ein Wolf!"

„Hallo, lieber Wolf", begrüßt der Vater seine Tochter fröhlich und gibt ihr einen sanften Kuß auf die Wange. „Wie war's in der Schule?"

„Wie immer", antwortet Alexandra mechanisch. „Du hast kein gutes Benehmen, Paps."

„Wieso?"

„Du beantwortest meine Frage nicht."

„Hast du heute so großen Hunger, daß du dich mit Jacke und Ranzen an den Tisch setzen möchtest, oder meinst du, es reicht noch, vorher den Anorak auszuziehen und dir die Hände zu waschen?"

„Ohne meinen Anwalt sage ich gar nichts mehr", behauptet Alexandra verschmitzt und ist um ein ernstes Gesicht bemüht. „Ich verwandle mich jetzt in eine Statue und bleibe so lange auf dieser Stelle stehen, bis ich von dir eine Antwort bekomme."

„Dann ist dein Hunger doch nicht so groß", meint der Vater und lächelt seine Tochter liebevoll an.

„Ich wußte gar nicht, daß du so gemein sein kannst", sagt Alexandra.

„Und ich wußte nicht, daß Statuen reden können", entgegnet der Vater. „Es gibt Lasagne."

Aus der Statue wird urplötzlich wieder ein Mädchen. Alexandra wirft ihren Ranzen unachtsam auf den Boden, zieht den Anorak aus und schmeißt ihn im hohen Bogen durch das Zimmer, rennt wie ein geölter Blitz ins Bad, wäscht sich die Hände, rennt ins Eßzimmer und setzt sich atemlos an den Tisch.

„Was hast du an Hausaufgaben auf?" fragt der Vater.

„Deutsch und Mathe", antwortet Alexandra. „Aber ich habe heute keinen Bock auf Hausis."

Der Vater ahnte die Antwort schon, bevor er die Frage stellte, denn neuerdings legt Alexandra Protest ein, sobald das Wort Hausaufgaben nur fällt. Der Vater versuchte bereits mehrere Male, anhand eines Gespräches einen tieferen Grund für Alexandras Hausaufgaben-Aversion herauszufinden. Aber es gab keinen. Er bekam jedesmal die gleiche Antwort: ‚Ich habe keinen Bock.' Alle seine Bemühungen, sie davon zu überzeugen, wie wichtig es ist, Hausaufgaben zu machen, sind bei Alexandra auf taube Ohren gestoßen. Sie will von dem ‚altmodischen' Gerede ihres Vaters nichts wissen. Weil seine sonst vernünftige Tochter nicht einmal einen Hauch von Einsicht zeigt, liegt dem Vater daran, seiner Tochter einen Wink mit dem Zaunpfahl zu geben. So schreitet er zum Angriff.

„Soll ich dir etwas beichten?" beginnt der Vater. „Ich habe zum Abspülen auch keinen Bock. Wir zwei machen heute einfach blau und vergessen unsere Pflichten."

Völlig verdattert sitzt Alexandra am Eßtisch und

schaut ihren Vater fassungslos an. Das sind ganz neue Töne. Sie weiß nicht so recht, wie sie auf den Vorschlag ihres Vaters reagieren soll. Tatsächlich hatte sie eher mit einer Predigt als mit so einer Reaktion gerechnet.

„Na ja", meint Alexandra verlegen. „Alles ist besser, als doofe Hausaufgaben zu machen."

„Na ja", kontert der Vater mit Alexandras Worten. „Dann laß die Hausaufgaben heute eben sausen."

„Hast du letzte Nacht schlecht geschlafen?" fragt Alexandra irritiert.

„Nein, habe ich nicht", antwortet der Vater knapp und fängt demonstrativ an, die Zeitung zu lesen.

„Soll ich dir bei der Küchenarbeit helfen?" fragt Alexandra.

„Diesen Job kannst du gerne allein übernehmen", antwortet der Vater. „Ich habe dazu heute keinen Bock. Ist dir das entfallen?"

Wieder schaut Alexandra ihren Vater an, schleicht sich zu ihm und legt ihre Hand auf seine Stirn. „Hast du Fieber, Paps?" fragt sie.

Der Vater nimmt Alexandra auf seinen Schoß und streichelt sanft ihre Haare. „Nein, mein Schatz", antwortet er. „Ich habe kein Fieber. Bin aber sehr betrübt." Alexandra schmiegt sich an ihren Vater, um ihn zu trösten.

„Warum?" fragt Alexandra besorgt.

„Weil mir dieser Hickhack mit den Hausaufgaben schrecklich aufs Gemüt schlägt", antwortet der Vater.

Alexandra läßt von ihrem Vater ab und wird nachdenklich. Nie wäre es ihr in den Sinn gekommen, daß ihr Hausaufgaben-Aufstand den Vater traurig stimmt, wenn er es ihr nicht in einer derartigen Deutlichkeit gesagt hätte.

„Eigentlich bin ich ziemlich bescheuert", gibt Alexandra kleinlaut zu.

„Nein", erwidert der Vater. „Bescheuert bist du nicht. Im Gegenteil. Du bist sogar sehr klug."

„Schmeichler", sagt Alexandra.

„Moment, Moment", protestiert der Vater. „Ich war noch nicht ganz fertig."

„'Tschuldigung", sagt Alexandra.

„Aber", fährt der Vater fort, „es ist nicht nur ziemlich bescheuert, sondern total bescheuert, sich um die Hausaufgaben zu drücken. Du schiebst deine Pflicht lediglich auf die lange Bank."

Alexandra gibt zu, daß er mit seiner Behauptung im Grunde genommen recht hat. Sie denkt an den unvermeidlichen Eintrag im Klassenbuch, wenn sie zum wiederholten Male die Hausaufgaben verweigert. Vor dieser Blamage fürchtet sie sich. Daher schnappt sie sich ohne weiteres Zögern ihren Ranzen, den sie vorhin vor lauter Hunger in der Diele gelassen hatte, und geht in ihr Zimmer. Alexandra holt ihren Deutschordner hervor und legt ihn auf den Schreibtisch. Erst jetzt bemerkt sie den unerwarteten Besuch, der sich dort breitgemacht hat. Das Mädchen betrachtet den wuscheligen Teddybären, der sie mit großen braunen Augen anstrahlt. Der Teddy trägt ein rotes Herz auf seiner linken Brustseite, hat eine zartblaue Nase und einen dunkelbraunen Fleck auf der Stirn.

„Du bist aber süß", sagt Alexandra zum Teddy und geht schnurstracks zu ihrem Vater.

„Danke, Paps", sagt Alexandra aufrichtig. „Der Teddy ist wirklich goldig."

„Es freut mich, daß er dir gefällt", sagt der Vater. „Weißt du, ich bin ihm heute morgen beim Einkaufen begegnet. Zunächst schaute er mich freudlos an; erst als ich ihm von dir erzählt habe, bekam er das zauberhafte Lächeln. Anscheinend hat ihm gefallen, was er gehört hat, denn er fragte mich, ob er bei dir ein neues Zuhause haben könnte."

„Klasse", sagt Alexandra. „Ich taufe ihn auf den Namen Fleck und werde immer auf ihn aufpassen, damit er sich bei mir wohl fühlt."

Der Vater flüstert seiner Tochter zu, daß Fleck etwas dumm und ganz erpicht darauf sei, viel von ihr zu lernen.

„Willst du damit sagen, er ist bescheuert?" fragt Alexandra aufgebracht.

„Nein", antwortet der Vater. „Bescheuert ist Fleck garantiert nicht, denn er hat großen Bock auf Hausis. Vergiß nicht, daß er sich von deinem Wissen bereichern lassen will. Er möchte kein dummer Fleck mehr sein, sondern ein kluger Fleck werden."

In Flecks Gesellschaft erledigt Alexandra pflichtgetreu ihre Hausaufgaben.

Wie verliert Alexandra ihre Hausaufgaben-Aversion?

Alexandra rebelliert gegen ihre Pflicht, die Hausaufgaben zu machen. Alle vernünftigen Erklärungen ihres Vaters prallen an ihr ab. Bald hat er genug von den täglichen Diskussionen, in denen Alexandra sich mit nichtigen Rechtfertigungen um die Hausaufgaben zu drücken versucht. Der Vater will seine Tochter dazu bringen, ihre ‚Null-Bock-Haltung' abzulegen, allerdings nicht mit Zwang, sondern mit der Zustimmung Alexandras.

Mit seiner Anspielung, er würde das Geschirr stehen lassen

und sich nicht um die Küchenarbeit kümmern, demonstriert der Vater, daß auch er alltägliche Pflichten zu erfüllen hat, die ihm nicht unbedingt zusagen. Die Äußerung ihres Vaters irritiert Alexandra. Normalerweise ist er es, der sie beide nach dem gemeinsamen Mittagessen antreibt, sich parallel der eigenen Pflichten anzunehmen.

Das Mädchen muß feststellen, daß sie das gleichgültige Verhalten ihres Vaters nicht mag und einen motivierteren Vater bevorzugt. Nachdem dieser seiner Tochter auch ganz deutlich zu verstehen gibt, daß er über Alexandras Verhalten sehr betrübt ist, meldet sich Alexandras Gewissen. Es ist nicht ihre Absicht gewesen, mit ihrem rebellischen Verhalten Auslöser für die Traurigkeit ihres Vaters zu sein. In dieser Situation findet Alexandra schließlich auch den Mut, sich einzugestehen, daß sie sich mit ihrer negativen Einstellung zu den Hausaufgaben nur selbst schadet.

Trautes Heim – Umzug allein

My home is my castle.
(Englisches Sprichwort)

„Heute nachmittag schauen wir uns eine Wohnung an",
teilt die Mutter ihren Töchtern beim Mittagessen mit.
„Nein, nicht schon wieder", entfährt es der 13jährigen
Sandra. „Ich schreibe morgen eine Geschichts-Arbeit
und muß noch lernen. Das heißt, ich habe keine Zeit."
„Und ich schreibe morgen eine Englisch-Arbeit", er-
gänzt die 12jährige Cornelia. „Das heißt, ich habe auch
keine Zeit. Außerdem habe ich von der öden Wohnungssuche langsam die Schnauze voll."

Insgeheim gibt die Mutter ihrer jüngeren Tochter
recht. Denn es ist hanebüchen, was sie in den letzten
Monaten erlebt haben. Sie mußten zähneknirschend
erfahren, daß in der heutigen Zeit Alleinerziehende
von manchen Vermietern immer noch diskriminiert
werden. So wurde ihnen bei telefonischen Rückfragen
vorweg mitgeteilt, die Wohnung sei für eine Mutter mit
zwei Kindern nicht vorgesehen. Oder man sagte ihnen,
daß die geräumige Wohnung viel zu groß sei für drei
Personen.
Nach solch unangenehmen Erlebnissen stellten sie
manchmal die Wohnungssuche für ein paar Wochen

zurück, da sie nicht gleich wieder mit neuen Demütigungen oder Absagen konfrontiert werden wollten. Es dauerte dann aber nicht lange, da meldete sich der Wunsch nach einem Tapetenwechsel zurück. Also fingen sie wieder von vorn an.

Die Mutter freut sich, wenn ihre Kinder, die ansonsten nicht immer eine Meinung teilen, zusammenhalten. Dennoch setzt die Mutter sich durch, weil sie Wert darauf legt, mit beiden Töchtern die neue Umgebung zu besichtigen.

„Wenn wir uns eine größere Wohnung wünschen, müssen wir eben hin und wieder in den sauren Apfel beißen und eine besichtigen", sagt die Mutter. „Ich weiß, daß wir in der Vergangenheit nicht sehr erfolgreich waren, aber irgendwann werden wir etwas finden, was uns allen zusagt." Außerdem widerspricht es ihren Prinzipien, zu einem vereinbarten Termin nicht zu erscheinen.

„Na gut", fügt sich Sandra. „Dann komme ich eben mit."

„Na gut", gibt auch Cornelia nach.

„Ihr seid fabelhafte Mädchen", sagt die Mutter. „Wir wollen doch Vergleiche haben, damit ..."

„... wir wissen, für wieviel Miete was angeboten wird", beendet Sandra den Satz, den sie schon im Schlaf aufsagen kann, da er in den letzten Monaten zu einer stehenden Redewendung der Mutter geworden ist.

Die Mutter parkt den Wagen, und gemächlich schlendern die drei zu dem Haus. Als Cornelia das von außen nicht besonders imposante Objekt sieht, macht sie auf dem Absatz kehrt. „Also gut", meint sie. „Gehen wir!"

„Du wirst doch auf halber Strecke nicht kneifen wollen?" neckt die Mutter ihre Tochter.

„Wir vergeuden nur unsere Zeit", behauptet Cornelia. „Denk daran, daß ich noch Englisch lernen muß."

An der Haustür empfängt sie eine charmante junge Dame, die das Trio mit einem herzlichen Lächeln begrüßt und ihnen die helle Wohnung über den Dächern der Stadt stolz präsentiert. Sowohl die Mutter als auch Sandra und Cornelia schließen die sympathische Dame sofort ins Herz. Sie verlieben sich spontan in die großen Räume und können nicht genug bekommen, den wunderbaren Ausblick zu genießen.

Auf dem Rückweg unterhalten sich die drei angeregt. Sandra und Cornelia sind sich einig, welches Zimmer sie ihr eigenes nennen, und die Mutter kann es kaum glauben, nach all der Zeit endlich ihr Traumdomizil gefunden zu haben.

Am Abend geht die Mutter mit einem Taschenrechner ins Bett und wägt die Ein- und Ausgaben gegeneinander ab. Würde ihr monatliches Budget die höhere Miete verkraften? Sie kalkuliert und rechnet. Rechnet und kalkuliert. Aber das Ergebnis bleibt stets dasselbe: Das Geld ist knapp. Was also tun? Am besten abwarten, denn noch haben sie keine Zusage. Warum sich also über ungelegte Eier den Kopf zerbrechen? Das kann sie immer noch, wenn ihnen die Wohnung zugesichert wird. Vielleicht sollte sie auch das Angebot ihres Vorgesetzten annehmen, der vorgeschlagen hatte, ihre Arbeitszeit aufzustocken. In diesem Fall würde das höhere Gehalt die Mehrkosten für die neue Miete ausgleichen.

Die Mutter knipst die Nachttischlampe aus, aber zum Schlafen ist sie zu unruhig. Immer wieder muß sie an die schöne Wohnung denken und wünscht sich nichts sehnlicher als ein gemütliches Zuhause, in dem sie sich alle drei wohl fühlen. Sie schaltet das Licht wieder an und nimmt ein Buch zur Hand. Nachdem sie ein paar Seiten gelesen hat, stellt sie fest, daß nicht eine einzige Zeile haftengeblieben ist. Wieder fängt sie an zu grübeln. Sie ertappt sich dabei, wie sie sich hin und wieder insgeheim wünscht, die Last der Entscheidung auf zwei erwachsenen Schultern verteilen zu können. Dann wäre vielleicht manches einfacher, gerade jetzt, wo der Umzug ansteht. Ärgerlich verscheucht die Mutter diese Gedanken, denn die Situation läßt sich nun einmal nicht ändern. Und eigentlich will sie es ja auch nicht, sondern ist froh darüber, wie gut sie mit ihren Töchtern zusammenlebt. Endlich, im Morgengrauen, fällt sie in einen tiefen Schlaf.

Aufgeregt legt die Mutter ein paar Tage später den Telefonhörer auf, springt vergnügt zu ihren Kindern, gibt ihnen in ihrem Übermut einen Kuß und teilt ihnen die Neuigkeit mit. Sie haben den Zuschlag bekommen. Sowohl Sandra als auch Cornelia richten sich im Geist schon ihre Zimmer ein und sagen ihre Hilfe beim Umzug zu.

Die Vorfreude wird jedoch zunächst getrübt, da der bisherige Vermieter keinerlei Entgegenkommen zeigt. Er besteht auf der im Mietvertrag festgelegten Kündigungsfrist von sechs Monaten. Der bloße Gedanke, für diese Zeitspanne doppelte Miete zahlen zu müssen, läßt die Mutter schwindeln. Fieberhaft überlegt sie, wie sie dem entkommen kann, und beschließt, erneut mit ihm zu reden. In einem vernünftigen Gespräch müßte sich das doch regeln lassen. Nach langem Hin und Her willigt der Vermieter ein, sie vorzeitig aus dem Vertrag zu entlassen, vorausgesetzt, er würde einen akzeptablen Nachmieter finden. Als er kurze Zeit später einen ausfindig macht und mit ihm einen Mietvertrag abschließt, fällt der Mutter ein Stein vom Herzen.

Überglücklich ist sie auch, weil ihr Jahresurlaub kurzfristig genehmigt wird und sie ohne Rücksicht auf ihren Beruf den bevorstehenden Umzug organisieren kann. Nicht weniger froh ist auch ihr Chef, als die Mutter ihren neuen Arbeitsvertrag unterschreibt, weil ihm durch ihre Bereitschaft zur Mehrarbeit die Einstellung einer zweiten Kraft erspart bleibt. Erleichtert verläßt sie das Büro – letztendlich ist doch alles ins Lot gekommen, und sie braucht sich bezüglich der Mietzahlungen keine Sorgen mehr zu machen.

Eifrig helfen Sandra und Cornelia in ihrer Freizeit, Kisten zu packen und Krempel auszusortieren. Während die Mädchen in der Schule sind, läuft die Mutter von Pontius zu Pilatus, verschickt Anschriftenänderungen an Freunde und Verwandte, Versicherung, Sportverein und Bank, meldet sich und die Kinder auf dem Einwohnermeldeamt ab, kauft Lampen und Mobiliar, verstaut Bücher, Geschirr und vieles mehr in Umzugskisten. Schon bald herrscht in der Wohnung ein schieres Chaos.

„Wenn ich sehe, was wir bis zu unserem Umzug in einer Woche noch alles packen und erledigen müssen, wird mir ganz blümerant zumute", meint die Mutter.

„Blümerant", wiederholt Cornelia und lacht. „Mir wird auch ganz blümerant, wenn ich an die Mathe-Arbeit am Freitag denke."

„Liebe Zeit", prustet die Mutter heraus. „Das ist ja der Tag unseres Umzuges."

„Genau", bestätigt Cornelia.

Die verbleibende Woche vergeht in Windeseile, und die Mutter stellt zu ihrem Bedauern fest, daß sie doch keine Zeit gefunden hat, mit Cornelia für die Mathematik-Arbeit zu lernen.

„Tut mir echt leid", sagt die Mutter aufrichtig.

„Macht nichts", meint Cornelia.

Winkend verlassen Sandra und Cornelia zum letzten Mal die alte Wohnung. „Toi, toi, toi für die Klassenarbeit und bis heute abend", verabschiedet sich die Mutter von ihren Kindern, die sich nach der Schule zu Freunden eingeladen haben, um nicht im Weg zu stehen.

Stunden später sitzt die Mutter völlig geschafft auf dem Boden ihrer neuen Wohnung und berichtet ihren Töchtern von dem turbulenten Tag. „Und wie war's bei euch?" fragt sie.

„Die Mathe-Arbeit war schwer", meint Cornelia.

„Bei mir war's lustig", behauptet Sandra und erzählt, wie sie den Nachmittag mit ihrer Freundin verbracht hat.

Am nächsten Tag können Sandra und Cornelia gar nicht aufhören, Kisten auszupacken, ihre Bücher sorgfältig in Regale einzuordnen und ihre Zimmer einzurichten. Dank ihrer Hilfe sieht es am Abend schon etwas wohnlicher aus.

„Ich habe wirklich die allerliebsten Kinder auf der Welt", sagt die Mutter und dankt den beiden Mädchen.

„Umziehen macht echt Spaß", behauptet Cornelia, die sich in ihrem aufgeräumten Zimmer pudelwohl fühlt. Auch Sandra sitzt glücklich in ihrem neuen Reich, und die Mutter kann es kaum fassen, daß sie sich endlich ausbreiten können und nicht mehr wie die Kletten aufeinander kleben zu müssen.

„In zwei Tagen findet die Schlüsselübergabe in der

alten Wohnung statt", teilt die Mutter ihren Kindern mit. „Danach ist das Kapitel endgültig abgeschlossen."

„Viel Glück", meint Sandra.

„Das wünsche ich dir auch", sagt Cornelia.

„Wird schon schiefgehen", erwidert die Mutter.

Aber es kommt ganz anders, denn bei der Wohnungsübergabe bemängelt der ehemalige Vermieter, was er nur bemängeln kann. Erst ist die Mutter konsterniert angesichts seines unfairen Verhaltens und der an den Haaren herbeigezogenen Vorwürfe, dann steigt Wut in ihr auf. Bevor sie sich jedoch von ihrem Temperament fortreißen läßt, beherrscht sie sich. Nach außen gibt sie sich gelassen, aber in ihrem Inneren brodelt es, denn sie weiß, daß die Vorwürfe nicht angemessen sind. Ungerechtigkeit hat sie schon immer an den Rand der Verzweiflung gebracht. Empörung ergreift sie, als der Vermieter sie indirekt wissen läßt, daß er nur so handelt, weil sie sich erlaubt hat, nach fünf Jahren die Kündigung einzureichen. Als die Mutter merkt, daß mit ihm nicht zu reden ist, nimmt sie sich vor, das Kapitel so schnell wie möglich abzuhaken, damit der Ärger bloß keine Gelegenheit bekommt, sich festzusetzen.

Tage später kommt Cornelia mit einer versteinerten Miene nach Hause. „Welche Laus ist dir denn über die Leber gekrochen?" fragt die Mutter. Dicke Tränen kullern Cornelia über die Wangen.

„Wir haben die Mathe-Arbeit zurückbekommen", sagt Cornelia traurig.

Die Mutter registriert, wie sehr der Umzug doch an aller Nerven gezehrt hat. Cornelias verpatzte Klassenarbeit ist ein deutlicher Beweis dafür. Sie ist froh, wenn nach den hektischen Wochen, in denen sie streckenweise nicht mehr wußte, wo ihr der Kopf steht, die Normalität wieder einkehrt. Sie nimmt sich vor, ihren Kindern wieder mehr Zeit und Aufmerksamkeit zu widmen. Zufrieden, sich ihrer Prioritäten bewußt zu sein, hängt sie ein Schild an die Tür, das sie neulich beim Trödler gekauft hat: *Our home is our castle.*

Wie hält die Mutter den Strapazen des Umzugs stand?

Als Cornelia und Sandra noch kleiner waren, reichte der Platz in der alten Wohnung völlig aus. Aber nun ist es eng geworden. Die Mutter wünscht sich nichts so sehnlich, wie etwas mehr Raum für sich zu haben und für die Töchter eigene Zimmer. Deshalb läßt sie sich auch von der teilweise demütigenden Wohnungssuche nicht abschrecken und ist glücklich, als sie endlich eine angemessene Wohnung finden.

Doch stellen sich gleich neue Hindernisse ein, die die Mutter finanziell und nervlich an die Grenze ihrer Belastbarkeit führen. In dieser Situation, in der sie manchmal Mut und Zuversicht zu verlassen drohen, findet sie Halt an der Unterstützung ihrer Töchter. Weil sie sieht, daß auch Sandra und Cornelia bereit sind, zusätzliche Strapazen auf sich zu nehmen, geht sie auf das mit dem Umzug verbundene Wagnis ein.

Der Wohnungswechsel fordert schließlich von allen seinen Preis, aber hinterher ist die Mutter nicht nur froh, daß alles vorbei ist. Es ist für sie auch eine Bestätigung, als Alleinerziehende große Herausforderungen gemeinsam mit ihren Töchtern meistern zu können.

Unter die Decke oder in die Ecke?

Man liebt einen Menschen nicht wegen seiner Stärke,
sondern wegen seiner Schwächen.

(Tilla Durieux)

„Mama", ruft der 10jährige Justin und wälzt sich unruhig im Bett hin und her.

„Was ist denn, mein Schatz?" fragt die Mutter gefaßt.

„Ich kann nicht einschlafen!"

„Und wieso kannst du nicht einschlafen?" fragt die Mutter weiter.

„Mir ist kalt, und ich hab' Kopfweh!"

„Weißt du, Justin, deine Marotte gefällt mir nicht", erklärt die Mutter mit Bestimmtheit. „Seit Wochen kommst du mit der gleichen Leier. Heute sind es Kopfschmerzen, gestern waren es Bauchschmerzen und vorgestern Zahnschmerzen. Deine Ausreden bin ich langsam leid."

„Es ist keine Ausrede", beteuert Justin. „Ich habe wirklich ganz arge Kopfschmerzen."

„Ich decke dich gerne noch einmal zu. Aber danach bist du ein ganz lieber Junge und schließt die Augen."

„Kann ich doch nicht, wenn ich solches Kopfweh habe! Magst du mir nicht ein wenig den Kopf streicheln?"

„Und du versprichst, danach zur Ruhe zu kommen?"

„Ja", antwortet Justin leise.

Nach einer Weile gibt die Mutter Justin einen letzten Kuß, wünscht ihm eine gute Nacht und geht aus dem Zimmer.

Fünf Minuten vergehen, bis Justin wieder ruft. Seiner Mutter platzt der Kragen. Anschließend ist Justin ruhig und gibt keinen Laut mehr von sich. Weil es bereits halb elf ist, legt sich die Mutter ins Bett. Sie denkt über Justin nach und weiß nicht, was ihn vom Einschlafen abhält, obwohl er zum Umfallen müde ist. Beschäftigen ihn Probleme in der Schule? Hat er andere Sorgen? Justin verneint alle Fragen. Was mag es sein? Sie kann sich keinen Reim darauf machen. Eines weiß sie jedoch: Es ist für sie wie für ihren Sohn unerträglich, wenn die letzten Sätze am Abend lieblos oder schroff sind. Das kann und darf nicht sein. Sie ist sich dessen bewußt, daß sie sich etwas einfallen lassen muß, um das leidige Problem endlich aus der Welt zu schaffen.

Am nächsten Tag hat Justin dunkle Ringe unter den Augen, geht müde in die Schule und kommt noch müder zurück.

„Warum hast du mir ein Pausenbrot mit diesem ekelerregenden Käse mitgegeben?" fragt Justin empört. „Du hattest mir eins mit Erdnußbutter versprochen."

„Du hattest mir gestern abend auch ein Versprechen gegeben, das leider nicht erfüllt wurde", entgegnet die Mutter. „Erinnerst du dich?"

„Es war nicht meine Schuld. Nur wegen der Kopfschmerzen konnte ich mein Versprechen nicht einhalten", versucht Justin sich zu verteidigen. Er ist eingeschnappt, weil ihn seine Mutter am Abend zuvor zurechtgewiesen hat, und das soll seine Mutter ruhig merken. „Ich konnte wirklich nichts dafür, daß mein

Kopf brummte, als hätte sich ein ganzer Bienen-
schwarm darin eingenistet."

„Hast du Lust, mit mir eine Runde auf dem Feld zu
drehen?" wechselt die Mutter das Thema. Sie hat das
Bedürfnis, Justin und sich Gelegenheit zu geben, die
Angelegenheit bei einem Spaziergang zu verdauen.

Justin schaut seine Mutter skeptisch an. „Und die
Hausaufgaben? Die machen sich nicht von allein, mußt
du wissen", meint er altklug.

„Die Hausaufgaben können warten!"

„Seit wann?"

„Die Sonne leuchtet in ihrem prächtigsten Licht und
wartet nur darauf, dich anstrahlen zu können. Später
wird die Sonne nicht mehr scheinen, aber später
kannst du noch Hausaufgaben machen."

„Hast du einen Lyrikband verschluckt, oder warum
redest du so geschwollen?" fragt Justin entgeistert.

„Komm her, mein allerliebster Schatz", meint die
Mutter und umarmt Justin. „Ich möchte dir sagen, daß
mir meine Brüllerei von gestern abend unheimlich
leid tut."

„Das war wirklich fies", meint Justin ehrlich und fängt
heftig an zu weinen.

„Es soll auch nicht wieder vorkommen", entschuldigt
sich die Mutter, während sie Justin die Tränen aus dem
Gesicht wischt. „Wäre es nicht besser, in Zukunft unsere Versprechen einzuhalten? Oder magst du weiterhin Käse auf dein Pausenbrot?"

„Ekelerregenden Käse", verbessert Justin. „Der ist
echt unmöglich."

„Unmöglich ist auch, die tiefe Bedeutung eines Ver-
sprechens nicht zu erfassen", gibt die Mutter zurück.

„Mag sein, Frau Duden", erwidert Justin schnippisch.

„Wie sieht's mit unserem Spaziergang aus?" fragt die Mutter lächelnd. „Hast du Lust?"

„Schon", meint Justin. „Immerhin besser, als Hausaufgaben machen."

„Möchte dein Affe Charly mit an die frische Luft?"

Justin schämt sich für seine Mutter. Wie kommt sie nur auf solch absurde Gedanken, ein Zehnjähriger wolle seinen Plüschtieraffen spazierenführen? Angenommen, er würde einen seiner Freunde unterwegs treffen. Das wäre sehr, sehr peinlich.

„Nein", antwortet Justin. „Der mag kein prächtiges Licht und will auch nicht von der Sonne angestrahlt werden. Das schadet nämlich seinem schönen Fell!"

Justins Mutter muß über diese Bemerkung schmunzeln.

Während die Mutter im warmen Sonnenschein spazierengeht und ihren Sohn beim Ballspielen beobachtet, schießt ihr unversehens ein Gedanke durch den Kopf, der ein zügigeres Einschlafen ohne böse Worte ermöglichen könnte. Sie nimmt sich vor, diesen Geistesblitz gleich abends in die Tat umzusetzen. Justin ist im Moment sehr anschmiegsam, denkt sie, braucht viel Liebe und sucht Schutz.

Zu Hause setzt sich Justin dann ohne Murren an seinen Schreibtisch und erledigt prompt seine Hausaufgaben.

Als sich Justin am Abend ins Bett legt, sucht er seinen Affen Charly.

„Mama", brüllt Justin verzweifelt. „Charly ist nicht da! Er ist spurlos verschwunden."

„Wo steckt denn der Schlingel?" fragt die Mutter. „Hast du auch überall gesucht?"

„Klar, hab' ich", antwortet Justin bedrückt.

„Ich habe fast den Eindruck, als wolle Charly heute in der Ecke schlafen und nicht bei dir", meint die Mutter und richtet ihren Zeigefinger auf Charlys Versteck.

„Wieso?" fragt Justin betreten.

„Er ist müde und zeigt kein Verlangen, sich die halbe Nacht mit dir um die Ohren zu schlagen. Wahrscheinlich hat er sich deswegen dorthin verkrümelt."

„Charly ist gemein!"

„Er meint es nicht böse."

„Und warum will er dann nicht bei mir schlafen?"

„Soll ich ihn fragen, ob er seine Meinung ändert?"

„Du kannst es ja versuchen."

Justins Mutter holt Charly aus der Ecke und hebt ihn an ihr Ohr. „Dein süßer Affe hat mir etwas anvertraut", verrät die Mutter.

„Was denn?" fragt Justin interessiert.

„Charly möcht' nicht in die dumme Ecke,
sondern zu dir unter die warme Decke.
Er hat Angst in der finstren Nacht.
Gib daher bitte auf den Affen acht."

Justin schaut seine Mutter verwundert an und drückt Charly ganz fest an sich.

„Seit wann kann Charly so toll dichten?" fragt Justin erstaunt.

„Vielleicht hat er vor lauter Kummer, weil er uns beim Spaziergang nicht begleiten durfte, ein Reimlexikon verschlungen", antwortet die Mutter.

Justin grinst. „Charly futtert keine intelligenten Bücher, sondern nur Bananen."

„Stimmt", gibt die Mutter zu. „Muß ich wohl vergessen haben. Sicher ist es Charlys angeborenes Talent, das er vor uns bislang verborgen hielt."

„Stark", meint Justin.

Die Mutter gibt ihrem Sohn einen zärtlichen Kuß und entfernt sich aus dem Zimmer. Justin schläft ein, ohne seine Mutter noch einmal zu rufen.

Am nächsten Morgen wacht Justin ausgeruht auf, und am Abend liegt Charly wieder in der Ecke.

„Ich kann mir nicht vorstellen, daß Charly in der Ecke schlafen möchte", meint die Mutter.

„Doch", sagt Justin. „Er will nicht zu mir unter die Decke. Er hat es mir selbst gesagt."

„Kann es sein, daß du Charly falsch verstanden hast?" hakt die Mutter nach. „Soll ich ihn mal fragen, was er tatsächlich gemeint hat?"

„Ja", ruft Justin begeistert.

Die Mutter tuschelt angeregt mit Charly und lächelt.

„Und?" fragt Justin neugierig.

„Kuscheln will Charly in deinem Arm,
ansonsten schlägt der Affe Alarm.
Schlafen möcht' er nicht in der Ecke,
sondern bei dir unter der warmen Decke.
Anschmiegsam ist er, sucht Schutz bei dir.
Sei bitte nett, und gib Charly Quartier."

Justin schmunzelt und fragt, wo Charly Alarm schlägt, wenn er nicht in seinem Arm schlafen darf.

„Bei der Affen-Polizei natürlich", antwortet die Mutter.

Was steckt hinter Justins ‚Schmerzen'?

Justin sucht die Nähe seiner Mutter und täuscht daher die verschiedenen ‚Schmerzen' vor, um ihr Mitleid zu wecken und mehr Aufmerksamkeit zu bekommen. Die Mutter bemerkt zwar die Tricks von Justin, weiß aber weder sein Verhalten zu deuten noch damit umzugehen.

Zuerst versucht sie, seine ‚Schmerzen' mit Gleichmut zu ertragen, bis ihr schließlich der Geduldsfaden reißt. Zwar ist Justin nach dem schroffen Anpfiff still, aber der Mutter wird klar, daß der Preis für diese Ruhe zu hoch ist. Die erzwungene Stille verschärft nur den Konflikt zwischen Mutter und Sohn, ohne das eigentliche Problem zu lösen. Auch die zweite Reaktion der Mutter, Justin mit gleicher Münze heimzuzahlen, ist nur bedingt erfolgreich. Wohl gelingt es ihr mit dem ungewöhnlichen Pausenbrot, Justin klarzumachen, wie wichtig es ist, Versprechen einzuhalten. Eine Lösung für das Nicht-Einschlafen wird jedoch erst dann möglich, als der Mutter auf dem Spaziergang plötzlich der Grund dafür aufgeht: Ihr Sohn befindet sich einfach in einer besonders liebebedürftigen Phase. Um dieses Stadium nicht zu ignorieren, greift sie ihrerseits zu einem Trick, bei dem Justins Affe Charly die Hauptrolle spielt. Die einfallsreichen Rollenspiele geben Justin zu verstehen, daß er der eigentliche ‚Held der Nacht' ist, denn ihm wird die Aufgabe übertragen, Charly zu beschützen. Justin fühlt sich gut und stark, denn er spürt, daß er geliebt wird. Von Charly und seiner Mutter.

ALLEIN ERZIEHEN & STARK SEIN

Grünes Licht

Es kommt für uns Ältere nicht darauf an,
die neue Jugend zu widerlegen und irgendwie abzutun,
sondern sie zu verstehen und sie, soweit wir irgend können,
erkennend lieben zu lernen.

(Hermann Hesse)

Seit Tagen ist Valerie zurückhaltend und ruhig. Sie hat irgendein Problem. Etwas belastet sie, aber sie will im Moment nicht darüber reden. Ihre Mutter toleriert das Benehmen, da sie weiß, daß ihre 15jährige Tochter über kurz oder lang von selbst auf sie zukommen wird. Das war nicht immer so.

Die grundlegende Wandlung vollzog sich vor etwa einem Jahr, als Valerie völlig genervt von der Schule kam und ihre schlechte Laune an der Mutter ausließ. Nichts war Valerie recht. Jedes Wort bekam sie in den falschen Hals. Valerie reagierte überempfindlich und war äußerst mürrisch. Als die Mutter sie nach der Ursache dieser miesen Stimmung fragte, behauptete Valerie, sie sei völlig in Ordnung. Die Mutter nahm Valeries Äußerung hin, aber so richtig daran glauben wollte sie nicht.

Valerie zog sich in ihr Zimmer zurück. Nach einer Weile tauchte sie wieder auf und teilte ihrer Mutter die Termine der nächsten Schulaktivitäten mit.

„Schreib sie bitte auf einen Zettel, Schatz", schlug die Mutter vor. „Oder noch besser, trage sie gleich in unseren Terminkalender ein."

„Alles muß ich selbst machen", murrte Valerie.

„Möchtest du mir nicht sagen, was dich bedrückt?" fragte die Mutter. „Mit dir stimmt doch etwas nicht."

„Ich bin okay", behauptete Valerie knapp.

„Ich mag zwar nicht in der Lage sein, mir deine und meine Termine der nächsten Wochen im Kopf einzuprägen, aber ganz so senil, wie du mich im Augenblick hinstellst, bin ich noch nicht", rechtfertigte sich die Mutter.

„Weshalb fragst du mich dann dauernd, was ich habe?" fragte Valerie ungehalten. „Das nervt."

„Weil ich spüre, daß mit dir etwas nicht stimmt, und ich dir gerne helfen möchte", antwortete die Mutter.

„Mir fehlt wirklich nichts", beteuerte Valerie.

„Dann, meine liebe Tochter, hast du keinen Grund, mich anzuknurren", sagte die Mutter in einem strengeren Ton.

Valerie machte auf dem Absatz kehrt, ging wieder in ihr Zimmer und knallte die Tür so heftig zu, daß die Wände zitterten.

Der Mutter wurde die Laune ihrer Tochter nun doch zu bunt. Sie klopfte an Valeries Tür und bekam Eintritt.

„Wie jeder andere hast auch du das Recht, eine miese Laune zu haben", erklärte die Mutter sanft. „Du behauptest, du seist okay, obwohl dies ganz offensichtlich nicht der Fall ist. Genau hier liegt der Hase im Pfeffer, denn dieses Verhalten kann ich nicht befürworten."

Die Mutter hatte sich angewöhnt, Valerie zu sagen, wenn sie sich in einer explosiven Gemütsverfassung befand und für nichts zugänglich war. In solchen Fällen zog sie sich eine Weile zurück und sprach Valerie erst wieder an, wenn sich ihre Stimmung gebessert hatte. Valerie bewunderte die Aufrichtigkeit ihrer Mutter und hatte gelernt, mit diesem Verhalten umzugehen. Die Atempause gab der Mutter Gelegenheit, ihre Gereiztheit abklingen zu lassen. Weil dadurch unnötiger Zank vermieden werden konnte, bat die Mutter Valerie, ihre Übellaunigkeit in Zukunft wie sie zu handhaben, wenn sie nicht das Verlangen hatte, über ihren Ärger zu sprechen.

Die nächste Verstimmung kam ein paar Tage nach diesem Gespräch. Valerie setzte den Vorschlag ihrer Mutter in die Tat um und bat sie, sie für eine Weile in Ruhe zu lassen. Diesen Wunsch akzeptierte die Mutter. Valerie mußte feststellen, daß diese Methode nervenschonender war und daß sie sich rascher wieder beruhigte. Wollte Valerie über ihren Kummer sprechen, sprach sie; wollte sie darüber schweigen, schwieg sie. Die Mutter ließ ihre Tochter gewähren und so handeln, wie sie es für richtig hielt.

„Ich habe eine gute und eine schlechte Nachricht", platzt Valerie heraus, als sie von der Schule kommt. „Welche möchtest du zuerst hören?"

„Raus mit der Sprache", ermutigt die Mutter ihre Tochter.

„Die gute zuerst", meint Valerie. „Ich habe eine Eins in Französisch und eine Fünf in Latein."

„Ich bin stolz auf dich", meint die Mutter. „Natürlich nicht auf die Fünf in Latein, die ist nicht so toll. Woran lag's?"

„Die Arbeit war besonders schwer, was auch der Gesamtdurchschnitt beweist."

„Nun, ist ja kein Beinbruch. In der nächsten Arbeit versuchst du es besser zu machen, abgemacht?"

„Abgemacht", verspricht Valerie.

Valeries Mutter macht Anstalten aufzustehen, wird jedoch von ihrer Tochter zurückgehalten.

„Da ist noch etwas, was ich dir sagen wollte", meint Valerie verlegen.

„Noch eine Fünf?"

„Nein."

„Dann spann mich bitte nicht auf die Folter."

„Kannst du dich daran erinnern, daß ich mich letzte Woche mit Lilly verabredet hatte?"

„Kann ich, ja. Zum Hausaufgaben machen, richtig?"

„Ja. Ich meine, nein."

„Was nun?"

„Na ja", druckst Valerie herum und erzählt ihrer Mutter, daß Lilly und sie sich schon vorgenommen hatten, Hausaufgaben zu machen, dann aber zu einen Stadtbummel aufgebrochen sind.

Der Mutter wird mit einem Mal klar, daß Valeries schlechtes Gewissen der Grund für ihre Zurückhaltung in den letzten Tagen war. „Ich habe dich lieb", meint die Mutter und gibt ihrer Tochter einen sachten Kuß auf die Stirn. „Du bist ein klasse Mädchen, auch wenn du deine Hausaufgaben manchmal verbummelst. Das darf aber nicht zur Routine werden, ja?"

„Wird es auch nicht", garantiert Valerie. Im gleichen Atemzug fragt sie ihre Mutter, ob sie am nächsten Freitag mit ihren Freundinnen ins Kino gehen darf.

„Du meinst, du möchtest Hausaufgaben mit ihnen machen?" fragt die Mutter, und Valerie muß lachen.

„Nein, wir wollen ins Kino, ehrlich", antwortet sie.

„Natürlich darfst du", sagt die Mutter.

„Du erlaubst es? Habe ich das richtig verstanden?" hakt Valerie nochmals nach.

„Aber hallo", sagt die Mutter. „Du tust gerade so, als hätte ich dir noch nie einen Kinobesuch gestattet. Besteht die Möglichkeit, daß du senil wirst, oder weshalb fragst du mich zweimal das gleiche?"

Valerie grinst. „Ach Muttchen, du bist einfach die Allerbeste", erklärt Valerie und ist froh, eine tolerante Mutter zu haben und keine, die ihr alles mögliche verbietet oder sie wegen eines spontanen Stadtbummels bestraft.

„Würdest du mir auch erlauben, meine Haare grün zu färben?" fragt Valerie aus einer schieren Laune heraus.

Die Mutter lächelt ihre Tochter an. „*Du* müßtest mit dem Kopf herumlaufen, nicht ich", antwortet sie. „Von mir aus kannst du dir die Haare färben. Ich würde es dir jedenfalls nicht verbieten."

„Wirklich wahr?" fragt Valerie erstaunt.

„Würde ich dich anlügen?" fragt die Mutter zurück.

„Hoffentlich nicht."

„Du darfst hoffen."

„Auf was?"

„Auf grünes Licht", antwortet die Mutter. „Ich meine natürlich grüne Haare."

„Du bist ein tolerantes Muttchen", sagt Valerie liebevoll.

Ihre Mutter ist ganz gerührt. Aber plötzlich wird sie nachdenklich. Ist sie in ihrer Toleranz zu weit gegangen?

Warum wird Valeries Mutter plötzlich nachdenklich?

Valerie ist in einem schwierigen Alter, in dem das Ausprobieren einer größeren Selbständigkeit auf der Tagesordnung steht. Ihrer Mutter kommt es vor allen Dingen darauf an, daß ihre Tochter in diesen ‚Flegeljahren' nicht ‚entgleist'. Um dies zu vermeiden, ist sie bereit, Valeries Launen, die in diesem Alter durchaus normal sind, mit Wohlwollen zu ertragen. Sie zieht es auch vor, ihre Tochter mit Liebe und Verständnis zu unterstützen, als zu versuchen, die vermeintlich ‚harte Hand' eines Vaters ersetzen zu wollen.

So zeigt sie sich in vielen Dingen großzügig und erlaubt manches, was andere Eltern ihren Kindern in diesem Alter verbieten. Wenn die Tochter sich wirklich die Haare grün färben wollte, würde sie auch das gestatten. Erst nach dem Gespräch kommt ihr der Verdacht, daß Valerie gar keinen wirklichen Wunsch geäußert hat, sondern sie mit dieser Frage nur auf die Probe stellen wollte, testen, wie weit die Toleranz ihrer Mutter reicht.

Die Mutter stimmt diese Provokation nachdenklich. Ist sie zu nachgiebig? Läßt sie ihre Tochter nur gewähren, um sich ihrer Liebe zu versichern? Wenn sie Valerie so vieles erlaubt, erweckt sie dann nicht gegen ihren Willen den Eindruck der Gleichgültigkeit? Was würde geschehen, wenn sie ihrer Tochter einmal einen Wunsch versagte – nicht aus Prinzip, sondern wenn die Grenzen ihrer Toleranz wirklich erreicht sind? Die Mutter nimmt sich vor, in Zukunft genauer darauf zu achten, um nicht Toleranz mit Zustimmung zu verwechseln.

Geig, du alter Esel

Positiv nennt man hier den,
der richtige Fragen mit falschen Antworten zudeckt.

(Helmut Arntzen)

Verärgert schaltet die 11jährige Mareike den Fernseher aus. „Schrottprogramm", murmelt sie grantig vor sich hin. „Spielst du *Trivial Pursuit* mit mir?" fragt sie ihre Mutter.

„Hast du schon für die Musik-Arbeit gelernt?" entgegnet diese.

„Ja, habe ich", bestätigt Mareike. „Ich kann alles. Spielst du jetzt mit mir?"

„Ich frage dich zuerst ab, und dann spiele ich mit dir."

„Zuerst spielen und dann abfragen."

„Nein, meine Liebe. Zuerst abfragen und dann spielen."

„Spielverderberin", gibt Mareike zurück und geht lustlos in ihr Zimmer.

Die Mutter folgt ihrer Tochter. Weil Mareike sich vor dem Lernen drücken will, versichert sie, sie könne den Stoff und müsse nicht abgefragt werden. Die Mutter läßt sich allerdings nicht um den Finger wickeln und schlägt Mareikes Musikheft auf.

„Was wird in der Arbeit geprüft?" fragt die Mutter.

„Mozart, Geige und Tempoangaben", antwortet Mareike gleichgültig.

„Gut", meint die Mutter. „Dann sag mir doch bitte, wann und wo Wolfgang Amadeus Mozart geboren wurde."

Mareike seufzt gelangweilt. „1756 in Salzburg", antwortet sie wie aus der Pistole geschossen.

„Prima. Wann und wo starb er?"

„1791 in Wien."

„Klasse. Und wen hat er wo geheiratet?"

„Constanze Weber in Wien."

„Ich bin beeindruckt."

„Wenn du dich daran erinnerst, habe ich dir vorhin gesagt, daß ich alles kann. Aber nein, du wolltest mir ja nicht glauben. Können wir jetzt mit dieser blöden Lernerei aufhören und spielen?"

„Wenn du mir noch etwas über die Geige erzählst, dann ja", meint die Mutter.

Wie sich allerdings herausstellt, hat Mareike nicht den blassesten Schimmer. Daß die Geige zu der Familie der Streichinstrumente gehört, bekommt sie gerade noch zusammen. Bei den Fragen, aus wie vielen Teilen eine Geige besteht, wie das Streichen mit dem Bogen oder das Zupfen heißt, muß sie jedoch passen. Auch die Namen der berühmten Geigenvirtuosen oder italienischen Geigenbauer wollen ihr partout nicht einfallen.

„Laß uns die Geige fürs erste vergessen. Widmen wir uns den Tempoangaben", versucht die Mutter zu helfen.

Aber auch hier erntet sie nicht mehr als ein unwissendes Schulterzucken. Da es sogar für die Mutter verdammt knifflig ist, *andante* von *allegretto*, *allegro* von *adagio*, *presto* von *prestissimo* oder *largo* von *lento* zu unterscheiden, schlägt sie vor, eine Pause zu machen und *Trivial Pursuit* zu spielen, damit sich die grauen Zellen ihrer Tochter erholen können.

Mareike strahlt, holt das Spiel aus dem Regal, baut die kleinen runden Steine auf dem Brett auf, würfelt und stellt ihrer Mutter die erste Frage. Das Mädchen grinst, weil ihre Mutter nicht weiß, welcher Besucher aus dem All unbedingt zu Hause anrufen wollte.

„Es war *E.T.*", belehrt Mareike ihre Mutter.

Nachdem Mareike ihren Wissensspeicher mit sechs Wissensecken gefüllt hat, gratuliert ihr die Mutter zum Sieg. Gemeinsam räumen sie auf. Als Mareike den Wunsch äußert, noch etwas zu lesen, bevor sie ins Bett geht, hat ihre Mutter einen Einfall.

„Ich habe eine Idee, auf die ich eigentlich schon früher hätte kommen können. Bin gleich wieder da. Geh nicht fort", bittet sie ihre Tochter.

„Was machst du?" fragt Mareike gespannt.

„Ich bringe dir eine kleine Nachtmusik", antwortet sie.

Zur Überraschung ihrer Tochter holt die Mutter den Geigenkasten aus der Abstellkammer. Begeistert legt Mareike das Instrument zwischen Schulter und Kinn und streicht die Saiten behutsam mit dem Bogen. Geduldig erklärt die Mutter, was Steg, Saitenhalter, Griffbrett, Zarge und Stimmstock sind, und plötzlich fällt es Mareike wie Schuppen von den Augen. Mit Hilfe der ‚echten' Geige fällt es dem Mädchen leichter, sich die verschiedenen Teile einzuprägen, als mit der Abbildung in ihrem Heft. Plötzlich begreift Mareike auch die Tempoangaben. Hilfreich sind ihr dabei die lustigen Eselsbrücken, die ihre Mutter in Verbindung mit den italienischen Wörtern baut.

Das Lernen wird *prestissimo* (sehr schnell) zu einem *vivace* (lebhaft) Ereignis, bei dem viel gelacht wird. *Presto* (schnell) wird die Bildung zu einem *allegro* (heiter) Vergnügen, das Mareike in Zusammenarbeit mit ihrer einfallsreichen Mutter ungeahnten Spaß bereitet.

Auf die Frage, was sich Geigenspieler mit dem Satz ‚Geig, du alter Esel‘ merken, muß Mareike bei der nächsten Runde im *Trivial Pursuit* nicht mehr kneifen, da sie jetzt weiß, daß damit die Stimmhöhe der Saiten gemeint ist.

Wie hilft die Mutter Mareike über die Lernblockade hinweg?

Etwas auswendig zu lernen, ist nicht jedermanns Sache, aber Mareike scheint damit keine prinzipiellen Schwierigkeiten zu haben. Im *Trivial Pursuit* jedenfalls, einem Spiel, in dem es allein auf ein breites, erlerntes Wissen ankommt, schlägt sie sogar ihre Mutter. Und ihre Begeisterung für das Spiel zeigt, daß ihr Lernen Spaß macht.

Um so erstaunlicher scheint es, daß Mareike sich nur einen geringen Teil des Stoffes aneignen kann, den sie für die Musik-Arbeit braucht. Die Mutter ist über die Lernblockade ihrer Tochter vielleicht ein wenig überrascht, aber nicht erbost. Nach einer kurzen Pause verfällt sie auf die Idee, zu ‚traditionellen Hilfsmitteln‘ zu greifen, die sich schon in ihrer Kindheit bewährt haben: Anschaulichkeit und Eselsbrücken. Damit läßt sich zwar nicht jede Lernschwierigkeit beheben, aber erfolgsversprechend ist das nicht nur in Mareikes Fall.

Jeder darf mal daneben schießen

Die größten Menschen sind jene,
die anderen Hoffnung geben können.
(Jean Jaurès)

Veronicas Vater sitzt auf der Zuschauertribüne und verfolgt aufmerksam das Spiel. Als ein Tor fällt, setzt stürmischer Applaus ein. Veronica schaut zu ihrem Vater hinüber. Enttäuschung und Ratlosigkeit über den dritten Treffer der gegnerischen Mannschaft spiegeln sich in ihrem Gesicht. Aus der Ferne gibt ihr der Vater ein Zeichen der Aufmunterung und drückt weiter fest die Daumen für Veronicas Verein. Er gönnt den sieben Mädchen einen Sieg, aber dazu würde es wohl nicht kommen, denn die anderen Handballmädchen sind zu gut. Da fängt Veronica den Ball, treibt ihn geschickt mit der Hand und wirft aufs Tor. Fast hätte sie getroffen, wäre da nicht der dumme Pfosten im Weg gewesen. Der Schlußpfiff des Schiedsrichters ertönt. Das Spiel ist aus. Die Gegnerinnen haben 3 : 0 gewonnen.

Der Vater steht auf und holt sich am Buffet eine Tasse Kaffee. Während er ihn langsam trinkt und auf Veronica wartet, läßt er das Spiel in Gedanken nochmals Revue passieren. Er ist stolz auf seine 9jährige Tochter. Sie zuckt nicht mehr wie früher zusammen, wenn ihr der Ball zugeworfen wird. Er ist über Veronicas Fortschritte glücklich, nicht nur in bezug auf den Sport. Vor drei Jahren nämlich sah vieles ganz anders aus.

Veronica war schrecklich aufgeregt an diesem Tag und freute sich auf den neuen Abschnitt in ihrem Leben. Geradezu majestätisch lief sie mit ihrem neuen Schulranzen und ihrer prall gefüllten Schultüte aus dem Haus. Sie strahlte über beide Backen und ließ sich bereitwillig von ihrer Mutter fotografieren. Mit Freudentränen in den Augen verfolgten Veronicas Eltern die feierliche Zeremonie zur Einschulung ihrer Tochter. Sie waren gerührt, als sie ihr einziges Kind vergnügt unter den vielen anderen Kindern sahen. Der erste Schultag war ebenso aufregend. Und wenn auch der Schulbesuch bald zur täglichen Routine wurde, verlor Veronica nicht ihren Spaß daran.

Das Familienglück schien perfekt. Der Vater ging arbeiten, die Tochter in die Schule, und die Mutter besuchte an zwei Vormittagen in der Woche einen Italienisch-Kurs. Bevor Veronica auf die Welt kam, war sie bei einem internationalen Konzern beschäftigt gewesen, hatte aber nach der Geburt zwangsläufig eine Babypause eingelegt. Mit der Charakterisierung als ‚Hausfrau‘ jedoch hatte sie von jeher Schwierigkeiten und konnte sich damit nie richtig anfreunden. Daher belegte sie einen Fremdsprachenkurs, um später mit ihrem Beruf etwas zur Gemeinschaftskasse beisteuern zu können.

Was dann drei Monate nach Veronicas Einschulung geschah, war sowohl für den Vater als auch für seine Tochter unbegreiflich.

Schluchzend rief Veronica eines Nachmittags ihren Vater im Büro an und berichtete, daß die Mutter noch

nicht zu Hause war. Er versuchte seine Tochter zu beruhigen, indem er ihr versicherte, die Mutter sei bestimmt unterwegs aufgehalten worden und würde
gleich kommen. Er war von seiner Beschwichtigung
selbst nicht so richtig überzeugt, aber im Moment fiel
ihm nichts Besseres ein. Auch er fand es eigenartig,
daß seine Frau um diese Zeit noch nicht daheim war.
Normalerweise rief sie an, wenn sie sich verspätet
hatte. Als Veronica nach zwei Stunden erneut, und
diesmal kräftig weinend, beim Vater anrief, ließ er kurz
entschlossen alles stehen und liegen, gab seinen Kollegen Bescheid und verließ das Büro.

Nach Einbruch der Dunkelheit klingelte das Telefon.
Mit zitternden Händen hob der Vater den Hörer ab und
wollte nicht glauben, was er von seiner Frau erfuhr.

Sie hatte ohne jegliche Vorwarnung Ehegatten und
Kind verlassen, um mit einem anderen Mann nach Rom
auszuwandern. Sämtliche Überredungskünste des Vaters schlugen fehl. Veronicas Mutter war nicht umzu-
stimmen.

Wie ein begossener Pudel saß der Vater neben dem
Telefon, und als Veronica die Tränen bemerkte, die ihm
langsam über die Wangen liefen, wußte sie, daß etwas
Schlimmes passiert war.

Veronica und ihr Vater organisierten ihr Leben neu,
und nach einer Weile hatten sie den Schock einigermaßen überwunden. Durch diese Erfahrungen wurden
Vater und Tochter zu einem unzertrennlichem Team,
das sich in allen Lebenslagen mit viel Liebe und Einfühlungsvermögen zur Seite steht.

„Buuuhh", sagt Veronica und pikst ihren Vater sachte in
den Rücken. Der zuckt zusammen und schaut seine

Tochter schmunzelnd an. „'Tschuldigung, Paps, ich wollte dich nicht erschrecken."

„Ist schon gut", sagt der Vater. „Ich war nur ganz in Gedanken versunken und habe dich nicht kommen sehen."

„Können wir gehen?"

„Natürlich!"

„Auf was warten wir dann noch?" fragt Veronica. Sie hakt sich beim Vater ein, und gemeinsam verlassen sie die Sporthalle.

„Wenn mich mein Gefühl nicht trügt, brauchst du jetzt dringend eine Stärkung", meint der Vater. „Wie wär's mit einer Cola oder einem Eis?"

„Wie wär's mit einer Cola *und* einem Eis?"

„Du hast ja Großes vor!"

Als Veronica im Auto Trübsal bläst, fragt sie ihr Vater, warum sie plötzlich so traurig sei.

„Die Jana ist gemein", rückt Veronica mit der Sprache heraus.

„Wieso?"

„Die meckert herum, wenn ich den Ball mal nicht fange, und hat mich Anfängerin genannt, als ich das Tor verfehlt habe."

„In einem Mannschaftssport ist so ein Verhalten natürlich nicht ganz fair."

„Handball macht mit der blöden Kuh keinen Spaß mehr."

Der Vater parkt den Wagen. In der Eisdiele bestellt er ein großes Glas Cola und zwei Portionen Eis.

„Beim nächsten Spiel ...", beginnt der Vater.

„Für mich gibt es kein nächstes Spiel!"

„Nein, mein Schatz, so schnell darfst du nicht aufgeben."

„Ich habe aber wirklich keine Lust mehr, Handball zu spielen."

„Findest du es in Ordnung, dich von Jana so einfach vom Platz jagen zu lassen?"

„Eigentlich nicht."

„Siehst du. Deswegen sollst du nicht kneifen, sondern dich eher dem Problem stellen."

„Und wie soll das gehen?"

„Bitte Jana darum, dir zu zeigen, wie man Tore wirft."

„Die kann es doch auch nicht besser."

„Eben."

Veronica schaut ihren Vater überrascht an. „Und dann?"

„Dann kannst du ihr sagen, daß auch Profis mal daneben schießen und daß du ihr Verhalten dir gegenüber nicht besonders nett findest. Schließlich spielt ihr beide für eine Mannschaft, nicht gegeneinander, sondern miteinander."

Das dankbare Lächeln seiner Tochter bedeutet dem Vater viel, und er freut sich auf das nächste Spiel, bei dem er wieder fest die Daumen für Veronicas Verein drücken wird.

Wie gelingt es dem Vater, Veronica aufzumuntern?

Wer im Sport verliert, der ist verärgert oder enttäuscht, zumal wenn er mit seiner eigenen Leistung nicht zufrieden ist. Da geht es den Erwachsenen nicht anders als den Kindern. Daher kann Veronicas Vater die Gefühle seiner Tochter gut verstehen. Es verwundert ihn auch nicht, daß sie auf die zusätzliche Kritik ihrer Mitspielerin Jana so empfindlich reagiert. Aber er möchte nicht, daß Veronica in dieser emotionalen Lage eine

173

Entscheidung trifft, die sie später sicherlich bedauern wird. Deshalb sucht er einen geeigneten Weg, um sie wieder aufzumuntern.

Der Vater könnte ihre Äußerung, mit dem Handballspielen überhaupt aufhören zu wollen, überhören oder sie als unsinnig hinstellen, aber damit würde er die Verletztheit seiner Tochter ignorieren. Gleichzeitig will er sie nicht in ihrer Enttäuschung bestärken. Instinktiv trifft er den richtigen Ton, indem er Veronicas Empörung über Jana aufgreift und ihr deutlich macht, daß die Kritik ihrer Mitspielerin ungerecht ist und daß nicht jedem – im Leben wie im Sport – immer alles gelingt. So nimmt er zugleich den Erfolgsdruck von Veronica, im nächsten Spiel unbedingt erfolgreich sein zu müssen.

Rezept mit Respekt

Ein Wort, geredet zu seiner Zeit,
ist wie goldene Äpfel auf silbernen Schalen.
(Sprüche Salomos)

Geduldig schaut der Vater seiner 4jährigen Tochter zu. Nach mehreren Minuten ist sie mit dem Mischen fertig. „So", meint Pamela. „Jetzt sind die Karten reif."

Der Vater lächelt seine Tochter liebevoll an, und als das Mädchen vier von fünf Runden gewonnen hat, ist es Zeit, ins Bett zu gehen.

„Mag aber noch nicht schlafen", behauptet Pamela.

„Es ist spät geworden", erwidert der Vater. „Und für ein junges Fräulein höchste Eisenbahn."

„Mag aber lieber noch spielen."

„Wenn du die Zähne putzt, deinen Pyjama anziehst und flink ins Bett schlüpfst, lese ich dir noch etwas vor."

„Mag aber lieber …", sagt Pamela automatisch, überlegt es sich dann doch anders und widerruft ihren Protest. „Tideli pom?"

„Tideli pom", bejaht der Vater. Pamela ist im Pu-der-Bär-Fieber und liebt die lustigen Geschichten über den Bären, der immer wieder seinem Freund Christopher Robin in den Hundertsechzig-Morgen-Wald folgt, wo die Großen Dinge über Gar Nichts passieren.

„Gute Nacht, mein Schatz", sagt der Vater, nachdem er vorgelesen hat und gibt seiner Tochter einen Kuß.

„Nacht", murmelt Pamela verschlafen.

Am nächsten Morgen schleicht Pamela auf Zehenspitzen in das Zimmer ihres Vaters und krabbelt zu ihm ins Bett. Der Vater spürt, wie ihm die Decke weggezogen wird. Automatisch schaut er auf den Wecker. „Sieben Uhr", stöhnt er. „Und das an einem Sonntag!"

Pamela grinst. „Pu ist auch schon wach", meint sie munter und legt ihrem Vater das Stofftier in den Arm.

„Guten Morgen, Pu", sagt der Vater.

„Tideli pom", antwortet Pu.

„Hast du Lust, mir ein paar Anekdötchen über dich und deine Freunde zu erzählen?"

Pamela und Pu freuen sich. Während der Vater döst, berichten die zwei über Klein Ruh, das mit dem Tiger Tieger auf die große Fichte klettert, über I-Ah, der ein Haus am Puwinkel gebaut bekommt, über Christopher Robin, der an einem verzauberten Ort landet und natürlich über Pu, der mal wieder zu viel Honig gegessen hat.

„Apropos Honig", meint der Vater, der in der Zwischenzeit hellwach ist. „Ich habe einen Bärenhunger. Wie wär's mit Frühstück?"

Pamela, Pu und der Vater steigen aus dem Bett, dekken den Tisch und lassen sich das Frühstück schmekken. Nach einem ausgiebigen Spaziergang mit einem noch ausgiebigeren Abstecher auf den Spielplatz stellt sich der Vater in die Küche, um das Mittagessen vorzubereiten.

„Mag heute auch kochen", wünscht Pamela.

„Gerne", meint der Vater, rollt Pamelas Spielzeugherd in die Küche und bindet seiner Tochter eine Schürze um. Mit Wonne schüttet das Mädchen Mehl, Zucker,

Salz und Rosinen in ihre kleinen Töpfe und verarbeitet die Zutaten zu einer ‚köstlichen' Pampe.

„Ich habe was ganz Leckeres gekocht", sagt Pamela, die mit ihren Kochkünsten äußerst zufrieden ist. „Magst du mein *Respekt* haben?"

Der Vater schmunzelt und umarmt seine Tochter. „Du bist mein allergrößter Schatz."

Am nächsten Morgen versteht der Vater die Welt nicht mehr, als seine Tochter um neun Uhr noch wie ein Murmeltier schläft. Er fragt sich, warum Pamela nicht sonntags in die Verlegenheit kommt, länger zu schlafen? Um nicht zu spät zu seinem Termin zu kommen, weckt er Pamela, und nach dem gemeinsamen Frühstück bringt er sie in den Kindergarten.

Am Nachmittag ist Pamela zur Geburtstagsparty ihrer Freundin eingeladen.

„Mag das Pu-T-Shirt anziehen", meint Pamela.

„Woher wußte ich das nur?" fragt der Vater. „Ich habe dir die Sachen auf dein Bett gelegt, und wenn du dich umgezogen hast, möchte ich gerne ein Photo von dir machen, bevor ich dich zur Party bringe."

Pamela geht in ihr Zimmer, und kurze Zeit später steht sie mit einem langen Gesicht neben ihrem Vater.

„Süß siehst du aus", behauptet der Vater. „Du bist das schönste Mädchen auf der ganzen Welt."

Der Vater holt seine Kamera aus der Schublade und bittet seine Tochter, ihm ein nettes Lächeln zu schenken. Aber Pamela denkt nicht im Traum daran, ihrem Vater diesen Gefallen zu tun. Mit versteinerter Miene schaut sie in die Kamera, und auch als der Vater ihr Pu in den Arm legt, will kein Lächeln auf Pamelas Lippen kommen.

„Komm schon, Pam. Sag brav *cheese*", fordert der

Vater seine Tochter freundlich auf. Aber er wartet vergeblich.

„Mag den doofen Rock nicht", sagt Pamela weinerlich.

Das ist es, denkt der Vater. Obwohl es ihm besser gefällt, wenn er seine Tochter im Rock sieht, kramt er eine Jeans hervor. Pamela ist sofort völlig verändert.

„Besten Dank für das honigsüße Lächeln", sagt der Vater, als er das Photo im Kasten hat.

Wieso zeigt sich der Vater Pamela gegenüber so nachgiebig?

Pamelas Vater hat aus unterschiedlichen Gründen keine Schwierigkeiten, auf die Bedürfnisse seiner Tochter einzugehen.

Natürlich würde er sonntags gerne ein bis zwei Stunden länger schlafen, billigt jedoch Pamelas zeremonielle Aufweck-Methoden, weil er das zärtliche Beisammensein mit seiner Tochter genießt und es als ein kostbares Geschenk betrachtet. Eine Kostbarkeit, auf die er früher oder später wird verzichten müssen, wenn seine Tochter älter wird.

Seine Zustimmung in der ‚Kleiderfrage' ist anders motiviert. Auch wenn der Vater findet, daß Pamela im Rock bezaubernd aussieht, begreift er schnell, daß seine Tochter sich darin unwohl fühlt und so angezogen auf der Geburtstagsfeier keinen Spaß haben würde. Die Bekleidung ist ihm keinen Streit wert, und daher versucht der Vater auch gar nicht, Pamela zu überreden, den Rock anzubehalten. Eine glückliche Tochter in Jeans zieht er einer unglücklichen im Rock vor. Schließlich findet er, daß – nicht nur in dieser Frage – die Achtung vor ihrem Selbstwertgefühl Vorrang vor seinem Geschmacksurteil hat. Auch wenn Pamela noch ein Kind ist.

Ist Minuend ein Plusquamperfekt?

> *Es ist nicht genug zu wissen,*
> *man muß auch anwenden.*
> *(Johann Wolfgang von Goethe)*

„Das war vielleicht lecker", sagt der 11jährige Conrad anerkennend und schluckt seinen letzten Bissen hinunter. „Ich könnte jeden Tag einen ganzen Topf Spaghetti essen."

„Das würde dir sicher bald zum Hals heraus hängen", kommentiert die Mutter.

„Niemals", behauptet Conrad überzeugt und rückt seinen Stuhl auf die Seite.

„Hast du viel Hausaufgaben auf?" fragt die Mutter.

„Nur Englisch und Deutsch", antwortet Conrad. „Und in Bio soll ich etwas lesen. Aber das muß nicht heute sein, weil wir morgen kein Bio haben."

Conrad ist faul, wenn es darum geht, Hausaufgaben zu machen. Am liebsten würde er gar keine machen, was ihm natürlich nicht erlaubt ist. Um sich bloß nicht zu verausgaben, versucht Conrad deswegen, die lästigen Schularbeiten wenigstens auf ein Minimum zu reduzieren. Einige seiner Klassenkameraden sind auf Fleißaufgaben ganz erpicht, was Conrad überhaupt nicht versteht. Er kann es sich nicht vorstellen, jemals in die Verlegenheit zu geraten, mehr zu machen als notwendig und seinen Lehrer mit einer freiwilligen Zusatzaufgabe zu überraschen.

Nachdem Conrad seiner Mutter geholfen hat, das Geschirr in die Küche zu tragen, zieht er sich in sein Zimmer zurück. Bevor er sich an die leidigen Hausaufgaben heranwagt, entspannt er sich mit Musik. Für Conrad ist es zu einer festen Gewohnheit geworden, sich nach dem Mittagessen erst einmal von den Schulstrapazen zu erholen, ehe er anfängt zu büffeln. Manchmal nimmt er auch ein Buch zur Hand und liest ein paar Seiten. Aber das kommt wirklich nur sehr selten vor, da ihm die literarischen Intelligenzhappen nach sechs Stunden Unterricht zuviel Denken abverlangen.

„Ich hab' so Kopfweh", jammert Conrad.

„Mein armer Junge", meint die Mutter, nimmt ihren Sohn in den Arm und bedeckt den vermeintlich schmerzenden Kopf mit Küssen. „Hast du die Hausaufgaben schon erledigt?"

„Noch nicht ganz", antwortet Conrad geziert. „Die Englischvokabeln hab' ich abgeschrieben."

„Eine kleine Pause sei dir dann gegönnt", schlägt die Mutter vor. „Leg dich ein paar Minuten auf dein Bett, und du wirst sehen, daß dich die Kopfschmerzen bald nicht mehr quälen."

Nach einer Weile bittet Conrads Mutter ihren Sohn, der immer noch lässig auf seinem Bett liegt und Musik hört, sich wieder den Hausaufgaben zu widmen.

„Hilfst du mir?" fragt Conrad hoffnungsvoll.

„Hilfst du mir dann, die Wäsche aufzuhängen, abzuwaschen und abzutrocknen?" reagiert die Mutter mit einer Gegenfrage.

Conrad lacht, und die Mutter gibt seinem ‚geplagten' Kopf noch mal einen Kuß. Sie schlägt ihrem Sohn vor, daß sich jeder seiner eigenen Arbeit widmen solle, und geht aus seinem Zimmer.

„Ich hab' aber doch solches Kopfweh", ruft Conrad seiner Mutter hinterher. „Wie soll ich in so einer Verfassung Hausaufgaben machen können?"

„Und ich kriege auch gleich fürchterliche Kopfschmerzen, wenn du dich noch länger sträubst, dich deiner Schularbeiten anzunehmen", erklärt die Mutter ernst und überläßt ihren Sohn seinem Schicksal.

Notgedrungen gehorcht Conrad. Er setzt sich an seinen Schreibtisch, beginnt aber gleich wieder zu klagen. „Ich kapier' das nicht." Er stürmt in die Küche, wo die Mutter gerade die letzten Teller im Schrank verstaut. Sie spürt, daß ihre Geduld fast am Ende ist und ihre Nerven kurz vor dem Zerreißen sind. Gerade noch rechtzeitig ruft sie sich zur Räson und fragt ihren Sohn ruhig, an was und wo es hapert. Conrad erklärt seiner Mutter, daß er zehn Sätze mit den Vorsilben *ver* und *vor* schreiben soll. Dabei muß er allerdings auch auf die Groß- und Kleinschreibung achten.

„Das ist doof", behauptet Conrad. „Mir fällt dazu nichts ein."

„Wenn mich mein kleiner Verstand nicht trügt, bist du auf meine Verstärkung in keiner Weise angewiesen und brauchst nicht *vor*geben, daß du nichts *vor*tragen kannst, da du nämlich die *Ver*tigkeit hast, diese Vorsilben-Geschichte zu *ver*stehen", meint die Mutter.

Conrad schmunzelt. „Fertigkeit schreibt man übrigens mit *F* und nicht mit *V*", verbessert Conrad seine Mutter.

Die Mutter ist glücklich, daß er den Fehler herausgehört hat. „Ich mache mich jetzt an die Hausarbeit, und du machst dich an die Hausaufgaben. Wer zuerst fertig ist, bekommt heute ausnahmsweise ein Eis", sagt die Mutter.

Es ist nicht überraschend, daß Conrad diesen Wettlauf gewinnt. Innerhalb kurzer Zeit hat er ein weißes Blatt Papier mit zehn Sätzen gefüllt und bekommt für diese gute Leistung ein dickes Lob von seiner Mutter. Während sie noch die restliche Wäsche aufhängt, genießt Conrad sein Lieblingseis.

In den darauffolgenden Tagen klagt Conrad nicht über Kopfschmerzen, sondern macht anstandslos seine Hausaufgaben. Doch schon bald geht das Drama ‚Kopfschmerzen' wieder von vorne los. Conrad bummelt herum und hängt unsäglich mit den Schularbeiten nach. Die Mutter ist ratlos. Sie fragt sich, wie sie Conrad dazu bringen kann, klaglos seine Hausaufgaben zu erledigen. Sie kann ihn ja nicht jedes Mal mit einem Eis locken, damit er sich an seine Arbeit macht. Auch mag sie nicht jeden Nachmittag damit vertrödeln, sich das Gewimmer ihres Sohnes anzuhören. Ihr Bedarf ist gedeckt, und folglich greift sie zu einer anderen Methode, von der sie sich ‚Heilung' verspricht.

„Was hast du heute auf?" fragt die Mutter ruhig.

„Och", meint Conrad gelangweilt. „Mathe und Deutsch."

„Das ist zu bewältigen, meinst du nicht auch?"

„Vielleicht", sagt Conrad.

Er geht in sein Zimmer und schaltet das Radio an. Kurz darauf schlägt er das Mathematikbuch auf und liest sich die Aufgaben durch. „So ein riesengroßer Schwachsinn", schimpft er und läuft zu seiner Mutter.

„Ich kapier' das nicht", behauptet Conrad. „Hilfst du mir?"

Ohne zu argumentieren, folgt die Mutter der Bitte

ihres Sohnes, nimmt sich einen Stuhl und setzt sich neben ihn. „Was verstehst du nicht?" fragt sie interessiert.

„Diesen Quatsch hier", antwortet Conrad und deutet auf die Aufgaben, die sich die Mutter aufmerksam durchliest.

„Differenz, Minuend, Subtrahend", stottert die Mutter. „Das kapier' ich nicht." Conrad schaut seine Mutter verwundert an.

„Weißt du wirklich nicht, was ein Minuend ist?" fragt er sichtlich erstaunt.

„Ehrlich nicht", antwortet die Mutter. „Kannst du mir das bitte begreiflich machen?"

Conrads Eifer wird durch die Unwissenheit seiner Mutter geweckt. Geduldig erklärt er ihr, daß Minuend die Zahl ist, von der etwas abgezogen werden soll.

„Du weißt mehr als ich", gibt Conrads Mutter kleinlaut zu. „Dann kannst du es mir sicherlich auch vorrechnen."

Ohne auch nur einen Moment zu zögern, nimmt Conrad seinen Füller und hat im Nu das Ergebnis ausgerechnet.

„Du bist ein Genie", sagt die Mutter und gibt sich stark beeindruckt. Sie lobt ihren Jungen für seine ausgezeichnete Leistung, selig, daß er das Subtrahieren mit mehreren Subtrahenden, das schriftliche Addieren und die Addition von Größen beherrscht. Anscheinend hat er im Unterricht doch aufgepaßt.

„So", sagt Conrad zufrieden. „Das war Mathe."

„Wie sieht's mit Deutsch aus?" fragt die Mutter vom Lerneifer gepackt.

Conrad holt Buch und Heft hervor und zeigt der Mutter, was die Lehrerin aufgegeben hat. Er soll aus einem langen Text Plusquamperfekt, Präsens, Präteritum und Futur bestimmen. Die vier Zeitformen sollen jeweils in verschiedenen Farben unterstrichen werden. Auch mit dieser Aufgabe scheint die Mutter überfordert, und Conrad bietet seiner ‚unbewanderten' Mutter an, ihr das Plusquamperfekt zu definieren.

Nach Conrads grammatikalischer Aufklärung hört er sich den kleinen Vortrag seiner Mutter zur allgemeinen Lebensauffassung bereitwillig an. Nicht nur die Erledigung der Hausaufgaben, sondern auch das Aufpassen im Unterricht seien von großer Bedeutung, hebt die Mutter hervor. Weder das eine noch das andere mache er für den Lehrer oder die Mutter, sondern allein für sich selbst, um sein eigenes Wissen zu mehren. Umfangreiche Kenntnisse in den verschiedensten Bereichen seien der goldene Schlüssel, der die Tore zu einer aussichtsreichen Zukunft öffne, auch die für die heranreifenden Astronauten.

„Ich lade dich ein, mich auf dem Mond zu besuchen, wenn ich in ein paar Jahren oben bin", sagt Conrad heiter.

„Diese nette Einladung nehme ich selbstverständlich an", verspricht die Mutter.

Warum ändert Conrad seine Einstellung zu Hausaufgaben?

Conrad ist ein aufgewecktes, liebenswertes Kerlchen, und seine Mutter kann nicht ernsthaft böse mit ihm werden. Geht es jedoch um das Thema ‚Hausaufgaben', ist es um ihre Geduld schlecht bestellt, denn das tägliche Drama fällt ihr furchtbar auf die Nerven.

Nichts wünscht sie sich daher mehr, als daß Conrad lernt, selbständig zu arbeiten. Doch muß sie bald durch sein Verhalten erkennen, daß ihr Sohn eher ihre Nähe als ihre tatsächliche ‚Lern-Hilfe' sucht. Conrad ist anhänglicher als manch anderer Junge in seinem Alter. Sie will ihn nicht vor den Kopf stoßen, ihm aber doch behutsam den Weg zu mehr Eigenständigkeit bahnen.

Das Spiel ‚Wer ist zuerst fertig?' kann lediglich eine Ausnahmelösung sein, da die Mutter ihren Sohn nicht alle Tage mit einem Eis ködern möchte, nur damit er freiwillig die Hausaufgaben erledigt. Deshalb greift sie zu einer anderen Strategie. Mit viel Fingerspitzengefühl und ein wenig Schauspielerei motiviert sie ihren Sohn, seine Hausaufgaben zügig auszuführen, und gibt ihm zu verstehen, daß sein tägliches Tun ihr nicht gleichgültig ist.

Die Herausforderung, seiner ‚unwissenden' Mutter das Gelernte zu vermitteln, nimmt Conrad gerne an. Während er die Mutter ‚belehrt', fühlt sich Conrad zu großen Leistungen fähig, und sogar er erkennt, daß ‚er kann, wenn er will'.

ZWEIMAL ZEHN BITTEN

Zehn Bitten – Von Kindern an ihre Eltern

T oleriert uns so, wie wir sind, und versucht nicht, andere Menschen aus uns zu machen.

O rientiert Euch nicht nur an Eurer eigenen Erziehung.

L aßt uns unseren Freiraum, und traut uns mehr zu.

E uer Lob ist wichtig und haut uns nicht um.

R espektiert, daß auch wir Geheimnisse haben.

I gnoriert nicht, wenn wir Positives erreichen.

E rweist den nötigen Ernst für unsere Probleme.

R ückhalt in der Familie zu haben, macht uns stark.

E rwartet nicht Unmögliches von uns.

N ehmt unsere Ängste ernst, und belächelt sie nicht.

Zehn Bitten – Von Eltern an ihre Kinder

A kzeptiert, daß wir für Euch sorgen und uns bemühen.

K onflikte sollen ausdiskutiert, nicht totgeschwiegen werden.

Z ögert nicht, gesunden Menschenverstand zu gebrauchen.

E rlaubt uns, mal „lechts und rinks zu velwechsern".

P latzt nicht gleich vor Wut, wenn wir andere Ansichten vertreten.

T obt nicht, wenn wir Einschränkungen auferlegen.

I nformiert uns über Gedanken, die Euch bewegen.

E rfindet keine Ausreden für Eure Patzer – steht dazu.

R edet über Euer Leben, damit wir es verstehen.

E mpfindet Kritik als sachliche Beurteilung, nicht als Tadel.

Zur Autorin

Elisabeth Cope, geboren 1955, alleinerziehende Mutter von zwei Kindern, verbrachte als Fremdsprachenkorrespondentin mehrere Jahre im Ausland und lebt heute in Heilbronn.

Hermann Giesecke:
Das Ende der Erziehung
Neue Chancen für Familie und Schule
159 Seiten, broschiert, ISBN 3-608-91766-7

Die These, wir sollten Kinder wie kleine, ständig größer
werdende Erwachsene behandeln, will feststellen, daß Kinder
nicht die einzigen Menschen sind, die altersspezifische
Bedürfnisse haben, auf die entsprechend Rücksicht zu nehmen
ist. Nur wenn wir Kinder als selbstverständliche Zeitgenossen
behandeln, ohne ihnen einen Ausnahmestatus einzuräumen,
werden wir auch ihren spezifischen Bedürfnissen gerecht.

Gisela Schmeer:
Das sinnliche Kind
142 Seiten, broschiert, ISBN 3-608-91201-0

»Da wird nicht doziert, da werden wir verständnisvoll und
humorvoll an vieles erinnert, das wir vergessen oder verdrängt
haben. Herzlich und menschlich werden wir zurückgeführt zu
den Düften, Lauten, Farben, Bildern und Empfindungen, dem
ganzen Aroma unserer Kindheit.«
Kinder

Jeanne Van den Brouck:
Handbuch für Kinder mit schwierigen Eltern
Mit einem Nachwort von Françoise Dolto
Aus dem Französischen von Rainer Redies
132 Seiten, broschiert, ISBN 3-608-91765-9

Wer Wert darauf legt, seinen Eltern ein einigermaßen gutes
Kind zu sein, wer sie anständig behandeln und korrekt erziehen
will, der braucht unerschöpfliche Geduld und Nachsicht, viel
Fingerspitzengefühl und jene Achtung, die man dem
Schwachen schuldet.

Klett-Cotta

Renate Hörburger:
Selbstbewußtsein
Wie Erwachsene sich und ihre Kinder stärken
230 Seiten, broschiert, ISBN 3-608-91025-5
Im Gegensatz zu vielen Erziehungsberatungsbüchern, welche an
immer diffenzierter diagnostizierten Entwicklungsstörungen
ansetzen, beleuchtet dieses Buch einen Kernpunkt, dem bei
psychischen Entwicklungsstörungen eine allgemeine zentrale
Bedeutung zukommt. Es bezieht sich auf das breite Spektrum
psychischer und psychosomatischer Probleme und Störungen,
die nach Ansicht der Autorin aus dem Mangel an
Selbstbewußtsein herrühren.

Gertraud Finger/Traudel Simon-Wundt:
Was auffällige Kinder uns sagen wollen
Verhaltensstörungen neu deuten
172 Seiten, broschiert, ISBN 3-608-94330-7
Aggressivität und Diebstahl, aber auch Trauer, Depression,
Ängste und Eßstörungen – das alles wird bei unseren Kindern
immer häufiger beobachtet. Eltern und Erzieher sind besorgt,
fühlen sich hilflos und fragen sich, was sie tun können.
In anschaulichen Fallbeispielen zeigen die Autorinnen, daß es
durchaus Auswege gibt. Sie bieten eine neue Sichtweise auf die
Probleme der Kinder an, denn auffälliges Verhalten ist nicht nur
belastend, sondern kann auch sinnvoll sein. Verhaltensstörungen
enthalten Botschaften, sie sind oft lebenswichtige Hilferufe der
Kinder in einer schwierigen Situation. Die Autorinnen ermutigen
Eltern und Erzieher, ihren Standpunkt zu überdenken und die
versteckten Appelle hinter dem störenden Verhalten zu
entdecken.

Klett-Cotta